LIEBENBERG – EIN VERKAUFTES DORF | Stefan Müller

Liebenberg

EIN VERKAUFTES DORF

STEFAN MÜLLER

Inhaltsverzeichnis

Vorwort

Liebenberg. Im März spazieren zu gehen ist schauderhaft. Es regnet, es ist ungemütlich, aber selbst bei strahlender Frühlingssonne – oder an einem prachtvollen Wintertag – kann ich mir nicht vorstellen, daß dieser Ort jemals Lebensfreude ausgestrahlt hätte.

Dazu muß man wissen, daß Liebenberg lange Zeit hindurch von der Nomenklatura der DDR genutzt wurde (hohe Parteifunktionäre verbrachten hier die Wochenenden).

Mag auch das übliche Linoleum fehlen – statt dessen gibt es überall glänzendes Parkett –, mag man auch überall die Absicht spüren, diesem Schlößchen einen besonderen Anstrich zu verleihen, an diesem Ort schlägt einem noch immer jene Atmosphäre von Gleichgültigkeit oder unbesonnener Achtlosigkeit entgegen, die all die Orte dieser Art, die ich mir in Osteuropa habe ansehen können, kennzeichnet – als wenn vierzig Jahre lang dort niemand ein Gespür für etwas gehabt hätte, jedenfalls für nichts, was den Alltag ausmacht."

Dies schreibt eine Französin in ihrem „deutschem Tagebuch" (Sauzay, B.: *Retour á Berlin.* Wolf Jobst Siedler Verlag, Berlin 1999), bevor sie auf das Verhältnis des Fürsten Philipp zu Eulenburg zu seinem Kaiser eingeht.

Kam man Mitte der neunziger Jahre des zwanzigsten Jahrhunderts wie Brigitte Sauzay nach Liebenberg, konnte man vielleicht ihren ersten Eindruck nachvollziehen – und doch tat man schon damals diesem Ort mit einem vorschnell gefaßten Urteil unrecht.

Liebenberg. Ein kleiner Ort an der B 167 zwischen Liebenwalde und Löwenberg in Brandenburg gelegen, gerade 60 Kilometer nördlich Berlins. Ohne triftigen Grund hält hier niemand an. Und doch ist dieses im ersten Ansichten unscheinbare Fleckchen Erde mehr als der flüchtige Blick begreift.

Liebenberg ist ein beinahe magischer Ort und läßt man sich erst einmal auf seine Wirkung ein, fragt nach der Geschichte, ergeht sich im Park und in der seenreichen Landschaft, dann kann es passieren, daß die Magie in einem wirkt und weiterwirkt bis man wiederkehrt, um immer wieder zurückzukommen.

Liebenberg ist ein Schloßgut mit Lennépark, ein Dorf mit Seen, mit Wald und Feld. Liebenberg ist aber auch eine beinahe vergessene Konstante in der preußischen und der gesamtdeutschen Geschichte und wirkt bis heute fort. Liebenberg ist Kunst und Politik.

Fontane war hier gern gesehener Gast, Philipp von Eulenburg lud zur Liebenberger Tafelrunde. Kaiser Wilhelm II. kam zu seinem Freund Philipp in Jagd- und Herzensangelegenheiten bis zum Skandal um diese Freundschaft, die in der Anklage der Homosexualität gipfelte.

Göring jagte hier, und Libertas, Enkelin Eulenburgs, arbeitete im Widerstand bis sie mit anderen Mitgliedern der *Roten Kapelle* hingerichtet wurde. Die SED nutzte Liebenberg als Schulgut und das nahe Seehaus als Erholungsheim der Funktionäre im Zentralkomitee.

Nach der Wende geriet Liebenberg in Vergessenheit bis es durch verschiedene Hände verwaltet, abgenutzt und ausgeblutet war. Endlich, im Dezember 1999, kaufte es die *Landesentwicklungsgesellschaft Wohnen des Landes Brandenburg* (LEG Wohnen) und begann für die *Deutsche Kreditbank* (DKB) eine umfassende Renovierung des gesamten Besitzes, um es als Management School nutzen zu können. Mit den neuen Besitzern kam das Nötigste, was gefehlt hatte, in den Ort: Geld. Über viele Jahre wurde hier nur von der Substanz gelebt. Die Bewohner Liebenbergs waren finanziell und ideell nicht in der Lage ihr nur angemietetes Habitat in Schuß zu halten, vor allem auch, weil es immer wieder unklar war, was mit dem Ort Liebenberg passieren würde. So gab das einstige kulturell und in politischer Hinsicht prosperierende Liebenberg einen traurigen, beinahe infausten Eindruck ab, als die ersten Ideenträger der Wohnungsbaugesellschaft und der Bank auftraten.

Im Folgenden soll versucht werden, die Entwicklung Liebenbergs von den Anfängen bis heute aus der Sicht eines anfangs Fremden zu beschreiben und das Augenmerk auf einen Ort zu lenken, der für einen großen Teil der preußischen und deutschen Geschichte steht.

Liebenberg – Seehaus (Januar 2001)

Ankunft

Das Haus ist eine leerstehende Villa inmitten eines ausgedehnten, verwilderten Parks, am Ufer eines großen Sees. Ein hoher, weißer, dreigeschossiger Hauptbau mit symmetrischen, um ein Stockwerk niedriger gehaltenen Seitenflügeln. Der Haupteingang ist von einem säulengestützten Portikus überspannt, an dem Rosen ranken. Ich gehe die gepflasterte Auffahrt hinauf und schließe die leichte, verglaste Türe auf, die in ihrer Bauweise zu den festen Mauern des Hauses lächerlich wirkt. Ich stehe in der Eingangshalle, die voller Hirschgeweihe und Rehgehörne und Keilerwaffen hängt. Über der Aufzugstüre glotzt ein ausgestopfter Elchkopf herab. Doch noch vor den Jagdtrophäen nehme ich den Geruch wahr. Das Haus stinkt. Es riecht nach Fäulnis, nach Urin. „Der Palm hat tagelang seine Köter eingesperrt", sagte Einer vom Dorf, „und feierte hier so Techno-Parties!" Ich stelle den Koffer ab und gehe durch die Eingangshalle in den angrenzenden Raum. Ich durchschreite den Saal, das Kaminzimmer, am Ende befindet sich der Wintergarten, dahinter eine große Terrasse, unterhalb davon ist es nicht weit zur Großen Lanke, einem See, an dessen Ufern das Haus, das Seehaus steht.

An der linken Seite des Saales ist der große, reichverzierte Marmorkamin. Die Jahreszahl in seinem Kapitell lautet 1906. Der obere Teil des Kamins, die Wand dahinter und die ganze Decke des Saales sind verrußt. In der Luft hängt alter Rauch, vermischt mit dem abgeschwächten Uringeruch der Eingangshalle. Vor dem Kamin sind einige Sessel und Tischchen gruppiert, sonst ist der Raum – bis auf die riesigen, geschmiedeten Leuchter – leer.

Ich gehe durch das Kaminzimmer in den angrenzenden Speisesaal, dann durch die Küche zurück in die Vorhalle. Alles wirkt unbewohnt, alles, denke ich, ist unbewohnt. Ich gehe die Treppe zu den oberen Stockwerken hinauf, wo die Gästezimmer sind. Der Teppichboden im ersten Stockwerk ist gesprenkelt mit eingetrockneten Urinflecken.

Ich öffne die großen Fenster zum Park und trete auf den Balkon über dem Portikus. Über den Wipfeln sieht man gerade noch die Schloß- und Kirchturmspitze des Dorfes, das etwa zwei Kilometer entfernt liegt. Dann suche ich mir ein Zimmer in dem großen Haus. Ich bin angekommen.

Den ganzen Sommer ließ ich die Fenster geöffnet und der Uringe- ruch verschwand. Nur nach längerer Abwesenheit erinnern ver- streute Geruchspartikel in der Luft des Hauses an den anfänglichen Gestank.

Ich habe mir die Suite über dem Wintergarten ausgesucht. Es ist ein geräumiges Arbeitszimmer mit Schreibtisch, Konferenztisch und da- zugehörigen Freischwingern, einer Polstergarnitur und einer Kom- mode mit Fernsehapparat. Die Polster und Bezüge sind einheitlich in beige-braun gehalten, wie auch die Tapeten an den Wänden. Der braun-gelb gemusterte Teppichboden paßt in das damalige Farb- konzept. Der Schreibtisch ist wie der Konferenztisch und die Holz- vertäfelung hinter der Polstergarnitur mit hellem Furnier belegt. Alles im Stil der siebziger Jahre des zwanzigsten Jahrhunderts, wie überhaupt die gesamte Einrichtung im Seehaus. Lange braune Vor- hänge vervollständigen die Zimmereinrichtung. Vor dem Arbeits- zimmer zum See hin ist ein großer Balkon, auf dem ich meine Som- merabende verbringe, wenn ich alleine hier bin. Daneben gibt es ein Schlafzimmer und ein Badezimmer, das mit beigen Kacheln hoch verkleidet ist und an eine Schlachthalle erinnert.

Ich benötige zwei Tage, bis ich mich in dem Haus und dem ver- winkelten Keller zurechtfinde. Ich brauche zwei Tage, bis ich jeden Winkel im Haus kenne und den Plan des Hauses in meinem Kopf nachzeichnen kann. Jetzt fühle ich mich sicher und schlafe fest.

Tage der Ankunft, des Verortens. Spaziergänge um den See, durch den Wald, ich fahre in die Nachbarorte, lerne erste Einheimische ken- nen, darunter Walter Buchholz und Frau. Er, Ende Siebzig, rüstig, ehemals Volkspolizist. Einmal Polizist, immer Polizist, sagen die Leute. Buchholzens wohnen nahebei im Park des Seehauses, einige Hundert Meter entfernt in den ehemaligen Gesinde- und Kut- scherhäusern. Einladung zum Frühstück, die Gardinen in meinem Schlafzimmer wäscht mir Frau Buchholz. Sie wissen über alles Bescheid und bekommen alles mit. Die Frau war Erzieherin, Kindergärtnerin. Der Feind kommt aus dem Westen, aus Berlin, aus einer anderen Weltanschauung. Ich mag das Ehepaar, auch wenn ich ihre Ansichten nicht immer teilen kann, lerne ich sie zu tolerieren und am Ende, wenn ich gehe, werde ich sie in mein Herz geschlossen haben. An der Zufahrt zum Seehaus ist eine hölzerne Schranke und Buchholz sofort zur Stelle, wenn ein Auto vorfährt, zur Überprüfung der Zufahrtsbefugnis.

In einem Bungalow neben dem Ehepaar Buchholz wohnt Frau Heitmann, die nach der Wende das Seehaus für einige Jahre als Hotel führte, sie ist geblieben und bleibt eine Fremde, denke ich, aus dem Westen und getrennt von ihrem Mann, der hier eine unrühmliche Rolle spielte. Er kam als Liquidator, wickelte eine LPG in der Nähe ab und pachtete das Seehaus, verschwand irgendwann und ließ ein schlechtes Andenken und seine Frau zurück. Ich kann die Geschichten über ihn nicht recht glauben, Geschichten über Betrug und Bankrott. Dazu ist mir die Frau zu sympathisch, die Vorstellung von einem schlechten Menschen an der Seite der offenen und ehrlichen Frau, paßt nicht zusammen, aber es paßt einiges nicht zusammen, denke ich, hier in Liebenberg. Dann ist da noch Balduan, Schichtarbeiter im Recyclinghof in Grüneberg, den sieht man fast nie.

Das Dorf ist zwei Kilometer entfernt, eine Gaststätte im heruntergekommenen Schloß, die von den Einheimischen nicht besucht wird, die gehen lieber zu Rolfs Eckladen, Flaschenbier trinken. Der Laden ist in einer ehemaligen Garage eingerichtet und die einzige Einkaufsmöglichkeit im Ort. Dorfleben findet hinter verschlossenen Türen statt. Nur auf dem Friedhof sieht man die Leute vom Dorf zusammen stehen, hier wird im Sommer geplauscht, während der Sand um die Gräber gerecht wird. Alle zwei Wochen, dienstags, ist Rommétag bei Buchholzens, wo sich die ältesten Liebenberger, kaum ein Dutzend, treffen und die Politik bestimmen. Die anderen Einwohner sind sowieso keine richtigen Liebenberger, meist erst nach dem Krieg zugezogen, heißt es von den „richtigen" Liebenbergern. Ich lebe mich ein, liebe die Sonnenuntergänge, das Schwimmen im See, die Spaziergänge in den Wald. Ich sitze nachts lange wach und lese. Alle paar Wochen organisiere ich eine Lesung für Liebenberg, aber auch für mich. Ich lade ein, und aus Berlin und Leipzig kommen Freunde und aus der Lesung im Ort wird ein Fest im Seehaus. Und die, die da waren, kommen wieder zu Besuch, und ich freue mich über Leben im Haus und bin froh, wenn wieder Ruhe einkehrt in die stillen Mauern.

Am Ende meines Aufenthaltes soll ich eine Chronik abliefern, so will es der Vertrag. Die LEG *Wohnen* ist mein Auftraggeber. Die Brandenburgische Wohnungsbaugesellschaft hat Liebenberg gekauft, offiziell am 01. Januar 2000. Das Schloß, den Park, das Dorf, die Kirche, das Seehaus, Wald und Feld, die Seen, insgesamt etwa 1500 Hektar Land. Aus Schloß und Seehaus soll eine Management-Schule für die *Deutsche Kreditbank*, die Nachfolgerin der *Staatsbank der DDR*, werden.

Ich lese Christian Graf von Krockow, Wolf Jobst Siedler, natürlich Theodor Fontane. Preußen, Brandenburg, die Mark im Allgemeinen, Liebenberg im Besonderen. Was ist Liebenberg? Die Frage drängt sich auf. Ich will die Vorgeschichte kennenlernen, um die Gegenwart bewerten zu können, will versuchen, mich mit dem Alten vertraut zu machen, um einen Blick auf das Neue zu finden.

Liebenberg – von seinen Anfängen bis zur Ära Eulenburg

Wann beginnt eine Chronik, frage ich mich. Zu der Zeit, als der Mensch sich in den Savannen aufmachte, die nördliche Welt zu erobern oder zu der Zeit, aus der schriftliche Zeugnisse überliefert sind. Doch auch die Landschaft erzählt. Einst kam hier ein großer Gletscher zur Ruhe. Er brachte Geröll und Erdmassen vom Eismeerland mit, taute nach und nach ab, als die Eiszeit endete und formte mit seinen Ausläufern die heutige Endmoränenlandschaft um Liebenberg. Gleich, ob man sich von West oder Ost nähert, hier wie dort karge Flachheit, gerät man kurz vor Liebenberg in das wellige Land, das sich Richtung Zehdenick, also nordwärts hinzieht und Liebenberg seinen besonderen Reiz verleiht. Auch die vielen Seen und Wasserlöcher stammen aus diesen Zeiten, wie auch die grauen Findlinge, die ich am Wegrand liegen sehe oder die moos- und blätterbedeckt im Wald ruhen, unter uralten Eichen, die doch so jung sind gegen die steinernen Zeugen aus vordenklicher Zeit. Viel jünger sind die Schwerter- und Hufeisenfunde im morastigen Boden des Liebenberger Bruchs. Sie berichten von den blutigen Auseinandersetzungen zwischen den ansässigen Slawen und den eindringenden christlichen Sachsen unter Führung der Markgrafen.

Ein Burgberg als Zeuge

Nach Fontane, der gern und oft in Liebenberg weilte, und hier einen großen Teil seines fünften Bandes der *Wanderungen durch die Mark Brandenburg* schrieb, war in der Zeit der Völkerwanderung, als zwischen Ostsee und Adria die Slawen vordrangen, Liebenberg ein ausgebauter Verteidigungspunkt. Indiz ist die Namensgebung einer Landzunge im großen Lankesee: Burgberg.

Der große Lankesee gehört mit vier weiteren Seen zur Gemarkung Liebenberg, ist aber mit rund 36 Hektar Wasserfläche der größte.

Die Markgrafen ließen das Land von Löwenberg aus verwalten, wo eine Burg, die Löwenburg, stand. 1267 tauschten die Markgrafen das Land Löwenberg gegen die Stadt und das Land Königsberg in der Neumark. Neuer Besitzer war jetzt der Bischof von Brandenburg. Das Original des Vertrags ist noch erhalten und gehört zum Bestand des *Geheimen Staatsarchivs Preußischer Kulturbesitz* in Berlin.

Bischöfe und Bredows

Die Gemarkung verblieb rund 200 Jahre im Besitz des Hochstiftes Brandenburg. Erst als der Bischof Dietrich von Stechow im Jahre 1463 zum Neubau seines irdischen Palastes Geld brauchte, verkaufte er den Besitz Löwenberg (mit Teschendorf, Grüneberg, Liebenberg u.a.) an Hans von Bredow auf Burg Friesack. Man einigte sich auf einen Kaufpreis von 4000 rheinischen Goldgulden. Seine Zeit in Löwenberg war nicht von langer Dauer. Bald starb Hans von Bredow und vererbte seinen Besitz an seinen Sohn Achim.

Achim von Bredow war wie sein Vater Ritter und Rat am kurfürstlichen Hofe, erreichte aber nie das Ansehen, das sein Vater genossen hatte. Durch Erbaufteilung und Verkauf schrumpfte der Besitz der Bredows immer weiter. Um die weitere Zerstückelung aufzuhalten, erwarb ein Nachkomme Achims, Jakob von Bredow, im Jahr 1551 Liebenberg von seinen Verwandten. Er wohnte gemeinsam mit seinem ungeliebten Vetter Joachim auf der Löwenburg. Nach neun Jahren Zwistigkeiten verstarben beide 1560.

Der unmündige Sohn und Erbe Jakobs, Hans von Bredow, zieht auf das Rittergut Liebenberg. Bei seinem Tod im Jahre 1598 erben die vier Söhne das Gut. Der Älteste, Caspar, verwaltete das Gut und beerbte seine Brüder, so daß er ab dem Jahre 1621 bis zu seinem Tod 1640 alleiniger Besitzer war. Mit Caspar endete die Linie der Bredows in Liebenberg. In Folge des Dreißigjährigen Krieges wurde das Gut vollends zerstört und blieb als Wüstung zurück.

Die „Seßhaften", wie Fontane das Adelsgeschlecht gerne nannte, hielten sich im Löwenberger Land bis in das Jahr 1788. Johann Heinrich von Bredow versuchte noch einmal die gesamten ehemaligen Besitzungen zusammenzuführen, aber mit seinen geisteskranken Söhnen starben seine Bemühungen und die Linie derer von Bredows aus.

Die Hertefelds

Die niederrheinischen Hertefelds traten ein halbes Jahrhundert, bevor sie Liebenberg von den Bredows erwarben, mit Brandenburg in Verbindung. Nach dem Tode des letzten Herzogs von Kleve nahm Stephan Freiherr von und zu Hertefeld, Herr auf dem Rittergute Kolk, im Jahre 1609 das klevische Land für den brandenburgischen Kurfürst Johann Sigismund, den Großvater des Großen Kurfürsten, in Besitz. Seit dieser Zeit waren die Hertefelds Brandenburg verbunden.

Als im Jahre 1652 das wüste Rittergut Liebenberg zum Verkauf steht, schaltet sich Jobst Gerhard von Hertefeld (1594–1663) in die Konkursverhandlungen ein. Er erwirbt Liebenberg für 11 900 Taler und arrondiert somit seinen Besitz in der Mark Brandenburg.

Zu dem von Jobst Gerhard erworbenen Grund gehörte überdies die Feldmark Häsen und ausgedehntes Havelbruchland bei Liebenwalde. Da die Hertefelds vom Niederrhein stammten, waren sie mit dem Trockenlegen von feuchten Böden und deren Urbarmachung nicht gänzlich unvertraut. Trotz allem übernahm der neue Besitzer eine schwierige Aufgabe und betätigte sich als Pionier in der Urbarmachung von Bruchland. Dazu holte er gemäß der damaligen Brandenburgschen Siedlungspolitik niederrheinische und holländische Familien in die Mark, die ihm Deiche und Abflußgräben anlegten und dafür Land bekamen. Die Neusiedler waren neben Deichbau und Trockenlegungen auch mit Milchwirtschaft und Käserei vertraut. Der Grundstein für eine rentable Viehzucht war somit gelegt. Bis die Familien aber zu einem einträglichen Leben gelangten, mußten viele Mühsale überstanden werden. Ein Spruch aus dieser Zeit lautete: „Die ersten haben die Not, die zweiten den Tod, die nächsten das Brot." Somit wurde nach und nach ein ganzer Landstrich urbar, der zuvor als Sumpfland kaum verwertbar war: Neuholland. Das Haus Brandenburg erkannte den Nutzen dieser Aktivitäten und ernannte Jobst Gerhard von Hertefeld zum Oberjägermeister. Dieser Titel scheint angebracht, da Jobst Gerhard, wie viele seiner Nachfolger auf Liebenberg, passionierter Jäger war, wovon auch ein Gemälde zeugt, auf dem er sich mit einem Jagdspieß in Händen abbilden ließ. Sein Neffe, Samuel von Hertefeld (1664–1730), der noch als Kind die

Nachfolge im Besitz Liebenbergs 1678 antrat, wurde gar der Zauberei ob seiner Schießkünste auf der Jagd verdächtigt. Damals war es üblich auf stehendes Wild zu schießen, da der Schuß sich bei den Vorderladern wegen dem langsamen Glimmen des Schwarzpulvers zeitverzögert löste. Samuel berechnete das mit ein und fand das richtige Vorhaltemaß für fliehendes und fliegendes Wild heraus. Erst als er feierlich erklärt hatte, weder ein Freischütz, noch mit dem Teufel im Bunde zu sein, ließen sich seine Waidgenossen in dieser Fertigkeit unterrichten.

Samuel von Hertefeld trat als Fünfzehnjähriger in den Dienst des Kurprinzen, Friedrich III., dem späteren Friedrich I., König in Preußen. Samuel war Jagdpage und begleitete seinen Herrn auch auf die Kriegszüge nach Frankreich und machte die Belagerung von Bonn mit. Samuel begegnete am Hofe der barocken Prachtentfaltung, die den Staat beinahe ruinierte, wurde aber auch mit der Förderung der Kunst und Kultur durch das Königspaar vertraut und als junger Mensch geprägt.

Samuel von Hertefeld beendete die Kolonisation Neuhollands und wurde ebenso wie sein Onkel zum Oberjägermeister von König Friedrich I. ernannt. Dies geschah drei Jahre nach der Selbstkrönung des Königs und der Gründung Preußens im Jahre 1701. Der junge Hertefeld wurde weiterhin mit der Urbarmachung des havelländischen Luches und später mit ähnlichen Arbeiten in Ostpreußen und Litauen beauftragt und trug damit zur Stärkung des jungen Preußens auf landwirtschaftlichem Gebiet bei.

Samuel von Hertefeld ließ in Liebenberg ein Herrenhaus bauen, den Park anlegen und gründete das Dorf. Nach seinem Tod im Jahre 1730 übernahm einer seiner drei Söhne, Ludwig Kasimir, Liebenberg. Mit 19 Jahren wurde Ludwig Kasimir von Hertefeld (1709–1790) Soldat und nahm als Regimentskamerad Hans Herrmann von Katte (dessen Hinrichtung er – nach der mißglückten Flucht mit dem Thronfolger Friedrich – beiwohnte) am ersten schlesischen Krieg teil. Nach seiner Verabschiedung wurde Ludwig Kasimir Kammerherr bei der Mutter Friedrichs des Großen, der verwitweten Königin Dorothee Sophie. Er erlebte den Siebenjährigen Krieg und mit ihm die Verwüstung des Landes durch die Schlachten, bei denen eine halbe

Millionen Preußen ihr Leben verloren. Das Land lag am Boden, doch der Tod der Zarin brachte die Wende: Rußland zog sich vom Kriegsgeschehen zurück und rettete Preußen vor dem endgültigen Untergang. Nach 1762 kamen Jahre des Wiederaufbaus und Preußen begann zu blühen. Friedrich der Große holte Siedler in das Land, das Schulwesen wurde eingeführt und auch Liebenberg gelangte zu neuem Wohlstand.

Ludwig Kasimir war wie viele seiner friederizianischen Zeitgenossen der Literatur ergeben und ließ in Liebenberg ein eigenes Bibliotheksgebäude aufführen, um seine umfangreiche Büchersammlung unterzubringen. Das Gebäude war leider zu feucht, um die Bücherschätze würdig aufzunehmen. Nach dem Tode Königin Dorothee Sophies kehrte er dem Hof den Rücken und übersiedelte ganz nach Liebenberg. Mit dem Grundstein für den Bibliotheksbau legte er einen weiteren, geistigen Grundstein: Liebenberg wurde – neben der Jagd – ein Hort der schönen Künste. Ludwig Kasimir von Hertefeld, der durch die Heirat mit Luise Susanne von Beschefer, ein Schwager des Großkanzlers von Cocceji wurde, starb hochbetagt im Jahre 1790.

Sein Sohn Friedrich Leopold Samuel von und zu Hertefeld (1741–1816) war bereits Fünfzig, als er das Erbe antrat. Von diesem Patriarch, wie Fontane ihn titulierte, scheint in der Liebenberger Bibliothek eine umfangreiche Korrespondenz existiert zu haben. Fontane widmete ihm auch ein längeres Kapitel in seinen *Wanderungen*. Patriarch, weniger weil er auf die Weltgeschichte Einfluß nehmen wollte, als vielmehr seinen Machtbereich im häuslichen Sinne zu stärken suchte. Friedrich Leopold war – wie sein Großvater Samuel – mit einer Wylich vermählt und hatte mit ihr zwei Kinder: Alexandrine, verehelicht mit einem Grafen von Dankelmann und der spätgeborene Sohn Karl, der fünfzig Jahre lang Liebenberg im Besitze hatte.

Nach dem Tod seiner Frau, Hermine Luise, suchte er die Abgeschiedenheit der kleveschen Heimat, kehrte aber durch Schwierigkeiten, die er mit den neuen französischen Machthabern auszustehen hatte nach Liebenberg zurück. Hier richtete er sich nach seiner Fasson ein. Er tauschte das Hauspersonal, soweit es ihm mißfiel, rigoros aus und scharte einen Kreis von Tischgenossen um sich, bei dem er sich seiner Vormachtstellung sicher sein konnte. So lebte der Freiherr recht gut eingerichtet, bis im Oktober 1806 die Plünderungen Liebenbergs durch die Franzosen im Gefolge der Jenaer Schlacht einsetzten. Bei Fontane ist eine umfangreiche Beschreibung dieser Vorgänge zu finden.

Es ist heute, auf dem Schloßhof stehend, kaum vorstellbar, in welch großer Zahl die plündernden Armeen hier durchzogen und was damals unwiederbringlich gestohlen und zerstört wurde. Unter anderem Bargeld, Schmuck und eine Vielzahl Bilder und Drucke, die aus den Rahmen geschnitten und „aufgerollt" wurden, sowie wertvolle Bücher, „naturhistorische Kupferwerke, Atlanten etc. Es genügt dies, um zu zeigen, wie gut damals, nach der wissenschaftlichen Seite hin, unsere Herrenhäuser ausgerüstet waren. Es waren Überbleibsel aus der durchaus auf Literatur gestellten friedrizianischen Zeit." (Fontane, T., *Wanderungen durch die Mark Brandenburg; Fünf Schlösser.* Aufbau Verlag, Berlin und Weimar 1991). Doch auch nach dem Tilsiter Frieden erging es Liebenberg nicht viel besser und die „friedlich-durchziehenden" Truppen raubten auf ihrem Rückweg in der gleichen Art und Weise wie zuvor.

Der Krieg gegen Rußland brachte nichts Neues. Wieder begann das Plündern und Raubschatzen, Feind wie Freund bediente sich in Liebenberg. Doch die allerschwerste Zeit stand für Friedrich Leopold noch bevor: 1813 ging es erneut gegen Frankreich. Die patriotische Begeisterung ließ alles zu den Waffen stürmen, auch seinen Sohn Karl (1816–1867), der ihm die Freude im Alter war. Der Vater Friedrich Leopold versuchte beim König zu intervenieren und schickte ein Freistellungsgesuch nach Breslau. Doch erhielt er ablehnenden Bescheid, unterzeichnet vom Staatskanzler Hardenberg, was ihn maßlos empörte. Der junge Karl brach im März 1814 auf, um sich den verbündeten Armeen bei Paris anzuschließen, doch kam er zu spät und erlebte die letzte Schlacht nicht mehr mit, worüber der Vater hocherfreut war.

Im Folgejahr war Karl Adolf Alexander von und zu Hertefeld schneller bei den Truppen. Auch versuchte Friedrich Leopold ihn nicht mehr zurückzuhalten. Gerade von einer Englandreise zurückgekehrt, die Karl 1814 direkt von Paris aus unternommen hatte, rückte er in einem

Husarenregiment wieder nach Frankreich vor und nahm an der Schlacht bei Waterloo teil. Nach der napoleonischen Kapitulation kehrte er nach Liebenberg zurück, wo sein Vater im Jahr 1816 starb und in der Hertefeld-Gruft unter der Schloßkirche beigesetzt wurde. Karl widmete sich der Landwirtschaft, der Pferdezucht und der Jagd. Er lud große Gesellschaften ein und führte ein sportsmännisches Leben. Nach der Heirat mit Emilie Henriette Louise Mollard, einer reichen Erbin, wuchs sein Barvermögen, während sein Grundbesitz ebenfalls durch Beerbung zweier Onkel arrondiert wurde. Er ließ 1833/1834 das Schloß seines Urgroßvaters um eine Etage aufstocken, um seine zahlreichen Gäste unterbringen zu können und beauftragte den Landschaftsarchitekten Lenné, den Park umzugestalten (1829). Karl von Hertefeld baute seine Vollblutzucht aus und rief die Berliner Rennen mit ins Leben, investierte Unsummen in seine Leidenschaften und machte sich einen Namen in den einschlägigen Kreisen. Dies betrieb er bis zur Revolution von 1848, durch die er sich als Gegner der neuen Ideen genötigt sah, sein sportives Leben mit einem politischen zu tauschen. Er trat als Publizist hervor und schuf die *Berliner Revue* und beteiligte sich an der Herausgabe der *Jahrbücher für Gesellschafts- und Staatswissenschaften*. Karl von Hertefeld war Ritterschaftsrat und wurde 1865 in das preußische Herrenhaus berufen, wo er noch zwei Jahre, bis zu seinem Tod, an den Sitzungen teilnahm. Auch blieb er durch seine Wohltätigkeit im Gedächtnis. Er schuf einen Fond für alte Liebenberger Beamte und bestimmte, daß alle seine Tagelöhner Anspruch auf freie medizinische Versorgung haben, was damals als Novum galt.

„Der alte Hertefeld" starb unter großer Anteilnahme der Öffentlichkeit 1867 in Liebenberg, wo er in der Familiengruft beigesetzt wurde.

Liebenberg unter den Eulenburgs

Da der letzte der Hertefelds kinderlos starb, setzte er seine Groß-
nichte Alexandrine Freiin von Rothkirch, seit 1848 vermählt mit
dem Grafen Philipp Conrad zu Eulenburg, als Alleinerbin ein. Die
Gräfin war eine Enkelin der Schwester Karls, Alexandrine von Dankelmann.

„Die weitere Erbfolge in Liebenberg ist von nicht alltäglichen Zu-
fällen diktiert worden. Es lag nahe, daß Karl Hertefelds Schwester,
die mit einem schlesischen Grafen Dankelmann verheiratet war, die
Erbin ihres kinderlosen Bruders sein würde. Und so begab sie sich
zur Trauerfeier und zur Eröffnung des Testamentes nach Liebenberg
in der sicheren Annahme, sich als neue Besitzerin bestätigt zu finden. Die zweite ihrer vier Enkeltöchter – Alexandrine Gräfin zu Eulenburg – , deren Erziehung sie nach dem frühen Tode ihrer Tochter, der Freifrau von Rothkirch, geleitet hatte und die sich als Kind
oft bei ihrem geliebten Großonkel Karl Hertefeld in Liebenberg aufgehalten hatte, war von dem beamteten Notar ebenfalls zur Testa-
mentseröffnung zitiert worden, ohne zu ahnen, aus welchem besonderen Grund dies geschehen war. Wer beschreibt aber die
Verblüffung aller Anwesenden, als der Notar, mit feierlicher Miene
den letzten Willen des Verstorbenen bekanntgab, in dem er als Uni-
versalerbin seine Lieblingsgroßnichte, Alexandrine Eulenburg, ein-
setzte. Nach einigen Augenblicken verblüfften Schweigens erhob sich
die Schwester Karls mit hochrotem Gesicht, deutete mit ausge-
strecktem Zeigefinger auf ihre sprachlose Enkeltochter und stieß
nur ein einziges Wort hervor: Erbschleicherin! Danach raffte sie ihre
Robe zusammen und verließ wütend ihr Heimathaus, um es nie wieder zu betreten." (Eulenburg-Hertefeld, W. Graf zu: *Ein Schloß in der
Mark Brandenburg*, Engelhorn Verlag, Stuttgart 1993)

Mit dieser testamentarischen Verfügung trat der Name Eulenburg in
die Geschichte Liebenbergs. Die Eulenburgs waren in Ostpreußen
ansässig, der Name stammte von der heutigen Stadt Eilenburg an der
Mulde (bei Leipzig), nach der sich das alte meißnische Geschlecht
Ileburg nannte. Alexandrines Gatte, Graf Philipp Conrad zu Eulenburg, wurde 1820 in Königsberg geboren und trat als Achtzehnjäh-
riger in das 3. Kürassierregiment, zu den späteren Wrangel-Küras-

sieren, ein. Er führte das typische Leben eines preußischen Offizieres und wurde 1864, bei Beginn des Krieges gegen Dänemark, in das Hauptquartier berufen. 1866 nahm er an dem Krieg gegen Österreich teil, um danach als Oberstleutnant aus dem Dienst auszuscheiden und sich der Bewirtschaftung seiner ererbten Güter zuzuwenden.

Die Zeit unter dem Heerführer Wrangel war anekdotenreich, aber auch nicht ungefährlich. „Es scheint nämlich in der Tat," so schreibt Fontane, „daß der alte Feldmarschall sich vorgesetzt hatte, sein soldatisches Leben auch soldatisch zu beschließen, und daß er während der ganzen dänischen Kampagne mit einer Art von Freudigkeit auf eine dänische Kugel wartete. Nichts war ihm daher anheimelnder, als mit seinen Adjutantan und Ordonnanzoffizieren im Schußbereiche des Feindes, am liebsten aber um Schanzen und Festungswerke herumzutreiben. (…)" (Fontane, T., *Wanderungen durch die Mark Brandenburg; Fünf Schlösser*. Aufbau Verlag, Berlin und Weimar 1991).

Nachdem Philipp Conrad sich vom Militärdienst abgewandt hatte, widmete er seine Aufmerksamkeit der Verbesserung der landwirtschaftlichen Strukturen in Liebenberg. Er ging mit wissenschaftlichem Eifer an diese Aufgabe und führte die Landwirtschaft zu neuer Blüte. Besonderes Augenmerk lag auf dem Viehbestand des Gutes und die Mastleistungen wurden vielfach prämiert. So schreibt auch Fontane über ein mit Preismedaillen gefülltes Schubfach, das von vielen Ausstellungssiegen erzählt.

Noch zwei Jahrzehnte lebte Philipp Conrad Graf zu Eulenburg auf seinem Gut, wo er nach seinem Tode im Jahre 1889 in der Eulenburgschen Gruft beigesetzt wurde. Sein ältester Sohn Philipp übernahm nun die Familienführung und trat auf die Bühne der preußischen Geschichte.

Philipp Fürst zu Eulenburg und Hertefeld, Graf von Sandels (1847–1921)

Philipp zu Eulenburg wuchs in einem Umfeld auf, in dem zwei gänzlich unterschiedliche Lebensauffassungen, repräsentiert durch die beiden Elternteile, aufeinanderstießen. Sein Vater, Philipp Conrad Graf zu Eulenburg (1820–1889), war ein typischer Vertreter der alten Tradition. Er richtete sein Leben nach den preußischen Tugenden wie Pflichtbewußtsein, Ordnungssinn und Dienst am Staate und der Monarchie aus. Die politische Einstellung war wie die der anderen Landjunker ultrakonservativ. Seine Sparsamkeit überschritt die Grenzen zum Geiz, was die Briefe des jungen Eulenburg an seinen Vater aus der Kadettenzeit und der Phase des Eintritts in den diplomatischen Dienst zeigen. Hier bittet der Sohn immer wieder um Geld, damit er seine gesellschaftlichen Pflichten wahrnehmen konnte. Damals hatten Diplomaten, als Diener des Staates, ihre täglichen Bedürfnisse selbst zu finanzieren, da sie als Priviligierte kein Salär zu erwarten hatten. Der Vater hatte als preußischer Aristokrat, aus einer der wichtigsten Familien im Lande stammend, die Offizierslaufbahn eingeschlagen und erwartete von seinem Sohn ebenfalls die Inangriffnahme einer militärischen oder politischen Karriere. Kein anderer Berufswunsch hätte den Vater überzeugen können und ein Weigern des Sohnes hätte unweigerlich zu einem Bruch mit dem Vater führen müssen.

Die Mutter, Alexandrine Gräfin zu Eulenburg, geborene Freiin von Rothkirch-Panthen (1824–1902), vererbte ihrem ältesten Sohn das künstlerische Talent. Sie malte, musizierte und war lebhaft interessiert an Literatur und intellektuellen Themen. Teile ihrer Familie stammten aus Schlesien und andere aus dem Rheinland, beides preußische Provinzen, mit katholischen Einwohnern. Der Adel spielte im Rheinland nur eine untergeordnete Rolle im gesellschaftlichen, politischen und wirtschaftlichem Leben. Der Katholizismus prägte das Lebensgefühl. Auch die schlesischen Verwandten waren römisch-katholisch und hatten verwandtschaftliche Beziehungen zu Österreich. Der schlesische Adel war weniger strikt in der Ausübung der preußischen Tugenden, was auch bei Philipps Mutter zum Ausdruck kam. So bekam Philipp vom Vater den preußisch-protestantischen Anteil und von der Mutterseite den künstlerisch-katholischen in die Wiege gelegt. Im Jahr 1867 erbte seine Mutter den Großgrundbesitz Liebenberg in Brandenburg und Hertefeld an der holländischen Grenze von ihrem kinderlosen Onkel Karl Freiherr von Hertefeld.

Das Pflichtbewußtsein und der Respekt vor den Wünschen des Vaters diktierte die Berufswahl. Eulenburg hätte gerne eine künstlerische Laufbahn eingeschlagen, wäre gerne Maler, Schriftsteller oder Musiker geworden, wußte aber um die Unmöglichkeit dieses Wunsches, wenn er sich nicht mit der Familie, insbesondere mit dem Vater überwerfen wollte. Er besuchte die Kadettenanstalt und stieg bis zum Leutnant auf. Nach einigen Jahren verließ er mit der Einwilligung des Vaters das Militär, wo er sich immer einsam und unverstanden gefühlt hatte und begann ein Jurastudium, um eine diplomatische Laufbahn einzuschlagen. 1875 bestand Eulenburg das erste juristische Staatsexamen mit magna cum laude. Im gleichen Jahr heiratete er in Stockholm die schwedische Gräfin Augusta Sandels, die Tochter des Generals von Sandels. Aus dieser Ehe gingen sechs Kinder hervor. General von Sandels wiederum war der Sohn des schwedischen Feldmarschalls Johan August Graf von Sandels, des schwedischen Heerführers in der Völkerschlacht bei Leipzig. Da Augusta die letzte von Sandels war, übernahm Eulenburg ihren Namen mit in seinen Titel und nannte sich fortan Philipp Graf zu Eulenburg und Hertefeld, Graf von Sandels.

Nach dem Studium begleitete er einen Posten im Auswärtigen Amt. Zu dieser Stellung trugen auch die Beziehungen zwischen den Familien Eulenburg und Bismarck bei. In dieser Zeit war Philipp auch mit Herbert, dem ältesten Sohn des Kanzlers befreundet und durfte als einer der wenigen Privilegierten bei Bismarcks ohne Anmeldung ein- und ausgehen. Er wurde Botschaftssekretär und preußischer Gesandter in Paris, München und Stuttgart. Den äußeren Höhepunkt seiner politischen Laufbahn erreichte er mit der Einnahme des Botschafterpostens in Wien, den er fast zehn Jahre inne hatte. Im Jahre 1902 zog er sich aus dem öffentlichen, politischen Leben nach Liebenberg zurück.

Doch viele Jahre zuvor, 1886, lernte er den Mann kennen, mit dem ihn bald eine enthusiastische, „fiebrige", schicksalshafte Freundschaft verbinden sollte: den Kronprinzen und späteren Kaiser Wilhelm II. Von seinem Jugendfreund Graf von Dohna-Schlobitten erfolgte eine Einladung zur Jagd ins ostpreußische Gut Prökelwitz, wo er den ebenfalls geladenen Prinzen Wilhelm von Preußen traf. Er beeindruckte den zwölf Jahre jüngeren Thronfolger mit seinen selbstkomponierten nordischen Liedern und seinem Klavierspiel. Dieses Treffen war der Beginn einer langen Freundschaft, die Eulenburg zum engsten Berater des späteren Kaisers aufsteigen ließ. Das künstlerische Talent Eulenburgs, seine Redegewandtheit, sein damaliger Hang zum Spiritualismus und Mystizismus, aber auch seine politische Einstellung, die klar auf eine Erhaltung und Stärkung der Monarchie abzielte, ließ den jungen Wilhelm die Nähe und Freundschaft zu Philipp suchen. Der junge Wilhelm spürte wohl auch die Zerrissenheit Eulenburgs, die ihn einerseits zur Pflichterfüllung trieb und ihn andererseits voller Sehnsucht zu musischen Aktivitäten mit Gleichgesinnten veranlaßte. Auch in Wilhelms Brust schlugen zwei Herzen und er entsprach im Innern ganz und gar nicht dem jungen Helden, dem Harnisch tragenden Heerführer, als den er sich gerne ausgab. Wie die meisten preußischen Herrscher wurde er schon früh auf die Führerrolle vorbereitet und streng und ohne Mutterliebe erzogen. Zeit seines Lebens sehnte er sich nach Liebe und Anerkennung. In seinem Falle kam noch erschwerend die Abneigung seiner Mutter, aufgrund seines verkrüppelten Armes, hinzu. Von Eulenburg hoffte er diese entbehrten Gefühle zu bekommen und konnte in ihm einen Seelenverwandten ausmachen.

Zwei Jahre später, nach dem Tod des sogenannten *99-Tage-Kaisers,* bestieg der letzte deutsche Kaiser, Wilhelm II., den Thron. Ein Jahr darauf stirbt Philipp Conrad zu Eulenburg und Philipp wird Herr von Liebenberg.

Um den Kaiser Wilhelm II., der bekanntermaßen sehr gerne reiste („Reisekaiser" im Gegensatz zum „greisen" und „weisen" Kaiser, Wilhelms Vater und Großvater) und auch oft in Liebenberg abstieg, etablierte sich die *Liebenberger Tafelrunde.*

In diesen Männerrunden, bestehend aus feingeistigen Adeligen und Kunstfreunden, wurde musiziert, nordische „Skaldengesänge" oder kleine tänzerische Aufführungen zum Besten gegeben. An einem dieser Abende soll der Kaiser oder ein anderes Mitglied der *Tafelrunde* in Frauenkleidern aufgetreten sein. Dies scheint aber falsch überliefert zu sein. Vielmehr hatte anläßlich einer kaiserlichen Schwarzwaldreise der Chef des Militärsekretariats, Dietrich Graf von Hülsen-Häseler, als Teil einer Abendunterhaltung, für den Kaiser in dessen Suite einen Tanz aufgeführt. Dabei war der bärtige Militär in ein Ballerinakostüm gekleidet und versuchte sich anmutig vor seinem Souverän zu bewegen. Bei diesem Tanz brach von Hülsen-Häseler plötzlich tot zusammen. Die Umstände von seinem Ableben blieben ein streng gehütetes Geheimnis.

In der *Tafelrunde* trug des *Kaisers Barde,* wie Philipp genannt wurde, eigene Kompositionen, wie die *Rosenlieder,* vor oder las aus selbstgeschriebenen Märchen. Nebenbei wurde aber auch noch Politik gemacht. Eulenburg versuchte, gemäß seiner Weltanschauung, eine Stärkung der konservativen Kräfte gegen liberale Strömungen und die an Einfluß gewinnenden Sozialisten herbeizuführen. Gleichzeitig war er ein Gegner von Bismarcks Schärfe, was den Kampf gegen die Sozialisten und die Außenpolitik anging. Vielmehr vertraten Eulenburg und die *Tafelrunde* eine zurückhaltende, „weiche" Politik. Die nahe Stellung zum Kaiser und der Einfluß, den die *Tafelrunde* auf ihn hatte, erregte natürlich Neid und Mißgunst. Bismarck war einer der Gegner dieser Politik und vom Freund und Gönner wandelte er sich zum Feind Eulenburgs. Philipp Graf zu Eulenburg erreichte den Rücktritt (besser die Entlassung) Fürst Bismarcks, indem er den Kaiser von dessen Gefährlichkeit überzeugte. Hintergrund war unter anderem die Ruhrkrise, in deren Verlauf der Kaiser und sein Kanzler aneinandergerieten. Wilhelm II. wollte sich nicht von Bismarck bevormunden lassen und versuchte seine politische Macht in den eigenen Reihen zu stärken. Auslöser für den Abschied Bismarcks war ein Brief von Marschall von Bieberstein an Eulenburg, in dem sich dieser über seine Befürchtung äußert, daß Bismarck im Innern auf eine Katastrophe zusteuerte. Diesen Brief leitete Eulenburg an Wilhelm II. weiter, worauf dieser Bismarck befahl, sein Entlassungsgesuch einzureichen.

Mit Hilfe Holsteins lancierte Eulenburg seine Freunde auf geeignete Posten. Sein enger Freund Kuno von Moltke, ein Mitglied der *Tafelrunde* wurde Flügeladjutant Wilhelms II. 1894 entwickelte Eulenburg in einer Denkschrift an den Kaiser zum ersten Mal ein Konzept für die Umgestaltung der Regierung, das er in den nächsten drei Jahren beharrlich verfolgte. Die ausgewiesenen Feinde waren Marschall von Bieberstein, Staatssekretär im Auswärtigen Amt, mit dessen Hilfe er Bismarck zu Fall brachte, und Reichskanzler Caprivi. Er wollte seinen Vetter Botho, den preußischen Ministerpräsidenten, auf dem Posten des Reichskanzlers und seinen Freund Bernhard von Bülow als Staatssekretär sehen.

Wilhelm II. und Botho von Eulenburg forderten ein neues Sondergesetz gegen die SPD, dem Caprivi nicht zustimmte. Der Kaiser entließ beide Politiker mit der Begründung, daß ihre Zusammenarbeit unmöglich geworden war.

Ende 1895 teilte er Philipp mit, daß Bülow „sein Bismarck" werden solle. Eulenburg arbeitete mit ganzer Kraft auf dieses Ziel hin. Im Jahr 1900 wurde Eulenburg in den Fürstenstand erhoben. Er verfaßte für die *Liebenberger geheimen Akten* eine 30-seitige Schrift über die Homosexualität anläßlich der Scheidung seines homosexuellen Bruders. Im gleichen Jahr wurde Bülow endlich Reichskanzler. Eulenburg hatte sein „System" installiert und zog sich langsam aus der Politik zurück. Er gab 1902 seinen Wiener Botschafterposten auf und verlegte seinen Wohnsitz ganz nach Liebenberg. Sein Entschluß scheint nicht ganz freiwillig zu sein. Einerseits war Philipps Gesundheit schon leicht angeschlagen, andererseits war da Maximilian Harden, der Publizist und Herausgeber der oppositionellen Zeitschrift *Zukunft*. Harden hatte von Bismarck und vom Polizeiinspektor von Treskow brisante Informationen über die Neigungen Eulenburgs zugespielt bekommen. Von Treskow hatte eine Liste von allen Homosexuellen der preußischen Oberschicht und deren Gewohnheiten und Vorlieben diesbezüglich angelegt und informierte 1896 Maximilian Harden über Eulenburg und seine Verhältnisse zu dem damaligen Polizeipräsident von Richthofen und zu Kuno von Moltke, dem Chef der Berliner Garnison.

Harden hielt die Informationen unter Verschluß, doch drohte er 1902 Eulenburg mit einem Skandal, wenn er nicht den Dienst an der Deutschen Botschaft in Wien quittierte. Eulenburg reichte den Abschied ein und verhielt sich ruhig, doch 1905 ließ er die *Liebenberger Tafelrunde* wieder aufleben und versicherte sich somit weiterhin des Einflußes auf den Kaiser.

1906 veröffentlichte Maximilan Harden eine Gesamtwürdigung des zurückgetretenen Holsteins. Dieser revanchierte sich mit einem offenen Brief und Informationen über die Gruppe um Eulenburg. Reichskanzler Bernhard von Bülow brach im Reichstag zusammen. Er war kein Mitglied der *Tafelrunde,* obwohl Eulenburg ihn als Kanzler lanciert hatte. Nun machten Gerüchte die Runde, daß Eulenburg einen aus dem Kreis der *Tafelrunde* oder sogar sich selbst als Kanzler installieren wollte.

Die Teilnahme des französischen Botschaftssekretärs und bekennenden Homosexuellen Raymond Lecomte – einem alten Freund von Eulenburg – an einer Kaiserjagd in Liebenberg gab Harden den letzten Anstoß für seine Kampagne gegen Eulenburg und seine engsten Freunde. Dies alles ereignete sich vor dem Hintergrund der *Marokkokrise,* dem Krieg Japans gegen das zaristische Rußland, dem marinen Wettrüsten von England und dem Deutschen Reich und dem Wettlauf um Kolonien der europäischen Großmächte. In den Augen Hardens war die Rolle des Kaisers während der *Algeciras-Konferenz* 1906, wo es um die Machtstellung in der Kolonialfrage ging, zu weich. Die Eingeständnisse der deutschen Führung verhinderten einen Krieg, waren gleichzeitig eine Verzichtserklärung auf eine Ausdehnung der kolonialen Besitzansprüche. Harden machte dafür die Gruppe um Eulenburg, die *Camarilla* verantwortlich.

Harden griff in der *Zukunft* Eulenburg als Haupt der *Liebenberger Tafelrunde* an und warf ihr schädlichen Einfluß auf den Kaiser, dessen Politik und ein „unheilvolles Wirken im Dunkel" vor. Eulenburg zog daraufhin einen in Buchform veröffentlichten, homoerotischen Briefwechsel zwischen ihm und Fritz von Fahrenheid-Beynuhnen zurück. Harden machte ausdrücklich auf den Charakter des Briefwechsels aufmerksam. In weiteren Enthüllungen sprach Harden vom „Liebchen" für den Kaiser, vom „Süßen" für Kuno von Moltke oder „Troubadur" für Eulenburg. Eingeweihte wußten, wer gemeint war. Die Angriffe entwickelten sich schnell zum Skandal. In einer Zeit, in der Männlichkeit, Tugend, Militarismus alles galt, war Homosexualität nicht nur ein strafrelevantes Delikt – nach § 175 konnte man mit Zuchthaus bestraft werden – sondern auch ein gesellschaftpolitisches. Und nun war man Entgleisungen solcher Art in den höchsten Kreisen auf der Spur! Die Öffentlichkeit lechzte nach Enthüllungen, die Angeklagten gerieten in das Fadenkreuz des öffentlich-moralischen Blickes.

Zwischen 1905 und 1907 wurden zwanzig Offiziere wegen homosexuellen Vergehen angeklagt, sechs begingen Selbstmord. In Potsdam, der Garnisonsstadt, wurden die Grafen Lynar und Hohenau, Kommandeur der kaiserlichen Leibgarde und Blutsverwandter Wilhelms, wegen Verfehlungen gegen den § 175 angeklagt. In der Folge verlor Eulenburg die Gunst des Kaisers, Moltke wurde vom Amt des Stadtkommandanten entbunden und Hohenau verabschiedet. Moltke forderte Harden zum Duell, dieser lehnte aber ab.

Wilhelm forderte seinen ehemaligen Freund auf, sich pensionieren zu lassen, worauf dieser Selbstanzeige erstattete und ein Strafverfahren gegen sich selbst einleitete. Gleichzeitig klagte Moltke gegen Harden wegen Verleumdung und Rufmord.

Es ging vor Gericht und es kam in der Folge zu dem großen innenpolitischen Skandal der Wilhelminischen Ära, der *Eulenburg-Affaire*. Harden verweigerte die Aussage, da er im Privatklageverfahren Moltkes selbst Angeklagter war, hier aber freigesprochen wurde. In dem Verfahren Moltke vs. Harden kam es zu belastenden Aussagen durch die ehemalige Gräfin Moltke, was den Kaiser veranlaßte, einen geplanten Englandbesuch abzusagen. Das Verfahren gegen Eulenburg wurde eingestellt. Auch Reichskanzler Bülow wurde der Homosexualität bezichtigt. Eulenburg schwur in seiner Funktion als Zeuge, niemals widernatürliche Handlungen mit ihm vollzogen zu haben. Die Anklage gegen Bülow wurde daraufhin fallengelassen. Auch im

Moltke-Prozeß trat er als Zeuge auf und gab eine Moltke entlastende, eidesstattliche Erklärung ab.

Harden war im Besitz der kompromittierenden Aussagen von Riedl und Ernst, zwei junger Fischer vom Starnberger See. Eulenburg hatte in seiner Münchner Zeit ein Verhältnis mit den jungen Männern, die er auch dem Kaiser vorstellte. Aus einer Internetseite über Philipp zu Eulenburg: "He would never have called himself 'homosexual', but anyone who can have sex with a 19 year-old fisherman in a boat on the Starnberger See (Bavaria) is not only an acrobat." Eulenburg schrieb an Ernst. Doch wurde dieser Brief im Mai 1908 vom Untersuchungsrichter beschlagnahmt und führte zur Beschuldigung wegen Verleitung zum Meineid.

Eulenburg kam nach einer Hausdurchsuchung in Liebenberg in Untersuchungshaft. Wegen seiner gesundheitlichen Lage siedelte der Angeklagte in die Charité um, wo er vier Monate blieb. Das Urteil des Landgerichtes Berlin in Sachen Moltke vs. Harden wurde aufgehoben. Die Fischer Ernst und Riedl wurden in Starnberg verhört. Eine kompromittierende Korrespondenz mit dem Baron Wendelstadt wurde in Liebenberg bei einer weiteren Hausdurchsuchung beschlagnahmt, auch die Schrift über die Homosexualität, die anläßlich der Scheidung seines Bruders entstand. Am 29. 06. 1908 begann der Meineidsprozeß gegen Eulenburg vor dem Berliner Schwurgericht wegen Gefährdung der Sittlichkeit unter Ausschluß der Presse und Öffentlichkeit. Philipps Gesundheitszustand verschlimmerte sich. Wegen einer Thrombose im Bein wurde er auf einer Tragbahre in den Verhandlungssaal gebracht, wo er während der Sitzung einschlief. Die Verhandlungen wurden in die Charité verlegt, wo Eulenburg wegen Grippeanfällen und Lungenentzündungen die Sitzungen unterbrach. Schließlich wurde er als verhandlungsunfähig eingestuft und gegen eine Kautionsbürgschaft entlassen. Er ging nach Liebenberg zurück. Komissionen überprüften halbjährlich seinen Gesundheitszustand, doch blieb dieser weiterhin so desolat, daß die Verhandlungen ausgesetzt wurden.

Philipp verließ Liebenberg kaum noch und lebte als kranker und gekränkter Mann, geächtet vom Adel und der Öffentlichkeit, im Kreis seiner Familie in Liebenberg, wo er auch begraben liegt. In den zwölf langen Jahren bis zu seinem Tod, wartete er vergeblich auf ein Zeichen Wilhelms, seines langjährigen Freundes und Bewunderers. Er ging auf seine Krücken oder zwei Gehstöcke gestützt durch den Park, erzählte seinen Enkeln Märchen und Abenteuergeschichten. Die große Politik betrachtete er nur mehr aus der Ferne.

Philipp, dessen glänzende Karriere so tragisch endete, war nicht nur als Politiker und Musenfreund tätig, sondern prägte auch stark das äußere Bild Liebenbergs. So ließ er in den Jahren 1891 bis 1905 umfangreiche Schloßerweiterungen durchführen. Unter seiner Herrschaft entstanden die *Nordische Halle*, das große Torgebäude mit Turm, der Verbindungsbau zum Archivgebäude, das Brunnenhaus, Löwentor, die Jägerhäuser und die Hauskapelle für Alexandrine zu Eulenburg. Erst durch diese Baumaßnahmen erhielt der Schloßhof seine abgeschlossene, mittelalterlich anmutende Gestalt, wie sie heute nur noch auf Fotografien zu betrachten ist. In der Mitte des Hofes stand lange Jahre der Kaiserbrunnen aus schlesischem Sandstein mit der Inschrift: „Kaiser Wilhelm II. stiftete diesen Brunnen zur Erinnerung an seine alljährlichen Besuche in Liebenberg. Im Jahre 1895."

Neben den Um- und Neubauten im Schloßgelände, ließ Philipp für seinen Sohn Friedrich Wend, anläßlich dessen Hochzeit mit der Freiin Mayr von Melnhof, das Seehaus an der Großen Lanke errichten. In einer Zeit (1906–1908), in der das Unglück schon über ihn hereingebrochen war.

1906 war es auch, daß der Kaiser zum letzten Mal zur Jagd kam, wenige Wochen bevor Harden seine Angriffe startete. Die Jagd organisierte damals der älteste Sohn Philipps, Friedrich Wend (1881–1963) und berichtet darüber in seinen Erinnerungen:

„Ich war in begreiflicher Aufregung darüber, ob meine Anordnungen erfolgreich sein würden. Dies war zu meiner Befriedigung der Fall. Bei einem der Haupttriebe stand ich hinter dem Kaiser in dem aus Tannenreisig geflochtenen Schirm; der in der Mitte einer ca. fünf Meter breiten Schneise innerhalb des Triebes aufgestellt war. Der Kaiser hatte, wie immer, zwei Büchsenspanner bei sich, zwei große Männer in Jagduniform mit langen Vollbärten. Er schoß mit Doppelbüchsen, und da sein linker Arm bekanntlich gelähmt war, hielt er das Gewehr beim

Schießen nur mit der rechten Hand. Auffallend war, daß er, wenn Sauen über die Schneise kamen, immer beide Schüsse auf das gleiche Stück abgab, bevor es die Schneise passiert hatte. Fehlschüsse waren äußerst selten, die meisten Sauen roulierten im Feuer. Es war für mich ein Genuß, dieser Schießfertigkeit des Kaisers zuzusehen. In diesem Trieb erlegte er fünf Sauen und einen Damschaufler, unter den Sauen einen ganz besonders starken Keiler, der ihm sichtlich Freude bereitete.

Am zweiten Tag der Anwesenheit des Kaisers wurde auch mit gutem Erfolg gejagt, die Gesamtstrecke betrug ca. 30 Sauen und einige Stück Damwild. Da der Kaiser von meinem Vater gehört hatte, daß ich die Jagd arrangiert habe, schenkte er mir ein Zigarettenetui in blauer Emaille mit den kaiserlichen Initialen in Brillianten. Dieses Etui gehört zu den wenigen aus dem Zusammenbruch 1945 gerettteten Andenken.

Am dritten Tag der Anwesenheit des Kaisers in Liebenberg wurde Musik in der in diesem Jahr fertiggewordenen *Nordischen Halle* gemacht. Die Halle gefiel dem Kaiser sehr.

War der Kaiser glücklich wieder abgereist, dann atmete mein Vater auf, denn es war doch eine große Verantwortung, den Kaiser als Gast bei sich zu haben, ohne daß irgendetwas passierte, was ihn gefährden könnte."

Die *Eulenburg-Affaire,* die eine Vielzahl von Verfahren, Hetzkampagnen, Duellforderungen und ausgeführte Duelle, Entlassungen und sogar Selbstmorde umfaßt, die das ganze Deutsche Reich aufrührte und vom Kaiser bis zum kleinsten Hofbeamten, vom Bürger zum Arbeiter, jeden Deutschen beschäftigte, auch im Ausland die Presse bemühte, war nicht einfach nur ein Skandal, sondern eine ausgewachsene Staatsaffäre. Die größte des Wilhelminismus! Daher mutet es seltsam an, daß die ganze Geschichte darüber so unbekannt, vergessen, besser: verdrängt ist. Als die Nationalsozialisten an die Macht kamen, wurde ein Großteil der Gerichtsakten vernichtet, was die nachträgliche Rezeption noch schwieriger machte.

Aber weshalb die Geheimniskrämerei, das verschämte Verdrängen? Um was ging es eigentlich? War es die Homosexualität einiger Beteiligten, war es Bismarcks späte Rache, der Harden auf Eulenburg ansetzte, um ihn zu vernichten, war es das aufkommende Bürgertum, das in der Person Hardens die Macht der Monarchisten brechen wollte und eine härtere Politik verfolgte, die letztendlich zum Ersten Weltkrieg führte?

Sicher kann man sagen, daß es nicht um Eulenburg ging, sondern um Wilhelm II. Harden war, obwohl aus dem Bürgertum stammend, ein Verfechter der Monarchie. Er war ein Verehrer Wilhelms, in dem er den Heldenkaiser sah. Doch seine Anbiederungen zeitigten keinen Erfolg und so wandelte er sich von einem glühenden Verehrer zu einem glühenden Verfolger Wilhelms. Harden war kein Gegner der Monarchie, er war ein persönlicher Gegner Wilhelms, dessen Gunst er nicht hatte erringen können. Angefeuert durch Bismarck wurde seine Verfolgung zur Obsession. Darüberhinaus war das Thema des Skandals tabuisiert. In einer Zeit des Männlichkeit- und Militärwahns, zu einer Zeit der Männerbünde und Männertugenden, war Homosexualität nicht nur strafbar, sondern gesellschaftlich und moralisch absolut verwerflich.

Natürlich ging es um die Außenpolitik und um die Frage wer letztlich die Befugnis hatte, die Richtung zu bestimmen. Es ging um die Macht des Kaisers und seiner Kontrollinstanzen. Doch wurden diese Fragen auf dem Parkett der Moral, in der Frage der Bedeutung der sexuellen und triebhaften Neigungen ausgetragen. Homosexualität wurde zum Politikum. Und „echte Männer", zu denen sich Harden zählte, mußten die unheilvolle Gruppe um Eulenburg und ihren Einfluß auf den Kaiser zerschlagen, war ihnen das Schicksal des Reiches wichtig. Homosexualität wurde mit einer weichen, weibischen Einstellung gleichgesetzt, die sich auch in der Politik des Kaisers wiederspiegelte, da seine engsten Ratgeber diesen Einfluß auf ihn ausübten. Nicolaus Sombart zeichnet ein Psychogramm Hardens, das ihn als einen Mann darstellt, der seine eigene Homosexualität verdrängt und in dem Maße der Verdrängung zu einem Gegner der Homosexuellen wird. Harden liebte – wie Eulenburg – den Kaiser, aber was für den Fürsten „eine positive, voll ausgelebte Freundesbeziehung war, pervertierte sich für den anderen zu einer negativen Haßbeziehung, zu einer Intimfeindschaft. Die Freund-Feind-Polarisierung wurzelte in der Verdrängung jener erotischen Triebe, die die Objektfixierung begründet; die Identifikation mit dem Kaiser wurde zu einer negativen, die leidenschaftliche Bewunderung zur leidenschaftlichen Ablehnung, die hymnische Huldigung zur beißenden Kritik. (…) Die Vehemenz dieser Persekution aber hat ihre Wurzeln in der Unterdrückung jedes homoerotischen Triebes im eigenen Inneren. Harden verfolgte das, was er in sich unterdrückte." Und später: „Die Eulenburg-Affaire: ein typischer Fall also von Homosexuellen-Haß des latent Homosexuellen.

So war es möglich, daß der Machtkampf um die Spitze, der Kampf um den Zugang zum Machthaber nicht nur mit verfassungsrechtlichen oder politischen Argumenten geführt wurde. Seiner Struktur nach war er auf höchster symbolischer Ebene ein extremer Fall von Homosexuellenverfolgung – mit politischen Folgen." (Sombart, N.: *Wilhelm II. – Sündenbock und Herr der Mitte.* Verlag Volk und Welt, Berlin, 1996)

Der Pfeil, der den Kaiser treffen sollte, traf mit voller Wucht seinen Intimfreund Eulenburg. Die Prozesse und die laufenden Berichterstattungen Hardens in seiner Zeitschrift *Die Zukunft* isolierten Eulenburg nicht nur vom Kaiser, sondern vom gesamten höfischen Leben. Er wurde zur persona non grada. Er igelte sich in Liebenberg ein, verdrängt und vergessen.

Philipp Fürst zu Eulenburg und Hertefeld, Graf von Sandels, der Politiker und Sänger der Rosenlieder, starb im Jahre 1921.

Der Baron aus dem Baltikum

Der verlorene erste Weltkrieg brachte für Deutschland allerhand Einbußen mit sich. Das Land war durch die Kriegsgeschehnisse geschwächt, die Reparationszahlungen wirkten erdrückend, durch die Versailler Verträge fiel Westpreußen an Polen, Danzig wurde freie Stadt, und Elsaß/Lothringen übernahm Frankreich. Auch die restlichen Gebietsverluste kamen zuungunsten Preußens zustande. Der Kaiser floh ins holländische Doorn in sein Exil und nach der Novemberrevolution 1918 übernahmen Soldatenräte die Regierungsmacht. In dieser Zeit wurden die Findlinge an der Kirchentreppe auf dem Schloßhof aufgestellt. Die Inschrift lautet: „Am Frieden krank". Auf dem Land war anfangs wenig von den politischen Umbrüchen zu spüren. Noch saßen die Junker fest in den Sätteln ihrer Reitpferde. Doch auf den Kapp-Putsch folgte der Generalstreik und 1923 die Besetzung des Ruhrgebietes. Der Ruhrkampf war teuer und die Weltwirtschaftskrise stürzte die Großgrundbesitzer in eine tiefe Schuldenlast. Die meisten landwirtschaftlichen Betriebe standen vor der Zahlungsunfähigkeit, die hohen Zinsen konnten kaum aufgebracht werden. Alte Strukturen verhinderten ein rationelles Arbeiten. Auch Liebenberg war davon betroffen. Friedrich Wend hatte sich nach dem Abschied vom Militär, 1907, der Landwirtschaft gewidmet, sein Vater Philipp regelte die Forstarbeit. Die Liebenberger Herrschaft hatte damals einen Grundbesitz von 2000 Hektar Acker und 500 Hektar Wiesenland, dazu kamen rund 2000 Hektar Wald. Die Haupteinnahmequelle waren die Liebenberger und die Häsener Brennereien, wo die eigenen Kartoffeln zu Spiritus verarbeitet wurden. Die anfallende Schlempe stellte den Futtergrundstoff für die Nutztiere dar. Das Getreide wurde von Schnitterkolonnen gemäht, die Kartoffeln mit der Hand gerodet. Die polnischen Saisonarbeiter waren in den Schnitterkasernen untergebracht. Wend Graf zu Eulenburg dazu: „Die Primitivität dieser Kasernen kann man sich heute kaum mehr vorstellen. Jeder Sträfling im Gefängnis hat es heute vermutlich besser und bequemer als diese Arbeiter, die aber offenbar aus ihrer Heimat noch weniger an Komfort gewöhnt waren und bei uns gerne und freudig ihre schwere Arbeit verrichteten, für die sie auch (für damalige Verhältnisse) entsprechend gut bezahlt wurden.

Uns Kindern machte es großen Spaß, diese Schnitterkolonnen mit den Eltern zu besuchen. Sie arbeiteten paarweise zusammen und in langer Front schräg in die Schläge hinein, wobei immer der Mann mähte und die Frau dahinter die Garben band."

Und: „In dieser Zeit – ich erinnere mich gut – saßen mein Vater und der Güterdirektor Kammer oft beisammen und zerbrachen sich die Köpfe, wie man aus der immer bedrohlicher werdenden Zwickmühle zwischen Einnahmen und den um vieles höheren Ausgaben – vor allem für die wie ein Damoklesschwert über dem Betrieb hängenden Hypothekenzinsen – herauskommen könnte. Schließlich blieb keine andere Wahl, als Randbezirke des Betriebes zu verkaufen. Auf diese günstige Gelegenheit warteten schon die neugegründeten Siedlungsgesellschaften, die aus der allgemein vorherrschenden Situation den notleidenden Gütern harte Bedingungen aufzuzwingen vermochten. So wurde auch bei uns damals das 1200 Morgen große Vorwerk Häsen verkauft, um die dringendsten Schulden abzudecken, aber weder Vater noch Kammer konnten sich zu einer grundlegenden Strukturveränderung des altmodisch wirtschaftenden Betriebes entschließen. Immer noch – und das Mitte der zwanziger Jahre des zwanzigsten Jahrhunderts – wurden die 8000 Morgen großen Felder von Hunderten von Ochsengespannen gepflügt, der spärliche Kunstdünger mit der Hand gestreut, eine Unkrautbekämpfung gab es so gut wie nicht, der Wildschaden war enorm."

Dazu kamen aufeinanderfolgende Dürreperioden, die auf den Sandböden fatale Folgen nach sich zogen. Mitte der zwanziger Jahre des zwanzigsten Jahrhunderts war die wirtschaftliche Lage des Gutes aussichtslos. Friedrich Wend entschloß sich, einen externen Spezialisten, Professor Aereboe aus Berlin, hinzuzuziehen. Auf Anraten des Professors wurde sein Schützling auf dem Gut eingestellt und mit Sondervollmachten ausgestattet: Rudolf Baron von Engelhardt-Schönheyden kam nach Liebenberg.

Der junge Balte, der eine „in Liebenberg unbekannte Kommando-sprache führte" (Wend), krempelte die gesamte Landwirtschaft um. Der Baron von Engelhardt schreibt dazu in seinen Lebenserinnerungen:

„Mit großem Eifer und Interesse stürzte ich mich in die Arbeit. Für die Frühjahrsbestellung wurden Drill- und Hackmaschinen angeschafft. Neues Saatgut bestellt und die Felder wesentlich stärker gedüngt. Da die Herrschaft in einer Trockenzone lag, sollte die Bestellung möglichst schnell beendet sein, um die Winterfeuchtigkeit auszunutzen. So liefen die Drillmaschinen von Sonnenaufgang bis -untergang mit zwei Mannschaften ohne Pause.

Der Oberinspektor in Häsen lehnte diese Art der Bestellung, die größere Anforderungen an die Beamten stellte, ab und hatte eine Menge Ausflüchte. So bat ich den Fürst um die Entlassung des Inspektors; nach einigem Zögern war er einverstanden, denn Häsen war mit allen Arbeiten weit hinter Liebenberg zurückgeblieben.

Weiter führte ich ein, daß die Saatwagen bereits am Abend vorher beladen wurden. Jeder Arbeiter und Pferdeknecht mußte genau wissen, welche Arbeiten er zu tun hatte und wo er entsprechende Werkzeuge bekommen konnte. Öfters blieb ich bei den arbeitenden Kolonnen, um arbeitssparende Handgriffe zu zeigen. Mein Pferd, ein von Kammer übernommener französischer Kaltblüter, nutzte anfangs diese Freiheit, um sofort heimzurasen. Das erregte, wenn er ohne Reiter über den gepflasterten Schloßhof galoppierte, den ganzen Hof und das Schloß. Sofort begann man die Suche nach mir, bis man sich an diese Art gewöhnt hatte."

Engelhardt konnte als wichtigsten wirtschaftlichen Schritt sämtliche Schulden des Gutes zusammenfassen und einem Geldgeber für weit geringere Zinsen als bisher übertragen. Für einen weiteren günstigen Kredit kaufte er Maschinen, um die teure Handarbeit zu reduzieren. Die ersten Traktoren rollten über die Felder, halbmechanische Strohbinder fanden Einsatz und die Brennereien wurden modernisiert. Die privaten Ausgaben der Gutsbesitzer wurden auf Engelhardts Intervention reduziert, der Schloßhaushalt aufgelöst, und die Familie meldete sich aus Steuergründen nach Oberstoder in Österreich um. Bereits im ersten Jahr seines Wirkens schloß er Verträge mit der *Märkischen Elektrizitäts-AG* ab und brachte somit den Stromanschluß nach Liebenberg. Neben der Einführung von neuen Anbausorten, die mehr Ertrag brachten, ließ er das Land entwässern und straffte die Tierproduktion nach neuesten Erkenntnissen. Er schonte weder sich noch andere, was ihm viele Angestellte und anfangs auch die Herrschaft verübelten. Doch zeitigten seine Methoden bald Erfolge und Baron von Engelhardt führte das Gut in die schwarzen Zahlen zurück.

1926, er war kaum ein Jahr auf dem Gut, hatte er Ingeborg, eine Tochter des nun amtierenden Fürsten Friedrich Wend, geheiratet. Das frisch vermählte Ehepaar zog in das seit 1921 leerstehende Seehaus. Hier wurden auch die vier Kinder geboren.

Wer war dieser Mann, der Liebenberg vor dem finanziellen Ruin rettete, der gleichsam aus dem Nichts auftauchte und der mit seinem Leben Liebenbergs Geschichte um eine Nuance bereicherte?

Rudolf Baron von Engelhardt-Schönheyden wurde im September 1896 auf dem Stammsitz der Familie Schönheyden als Ältester von fünf Kindern, im kurländischen Kreise Illuxt, im sogenannten *Oberlande* im Baltikum geboren. Schönheyden war ein wohlhabendes landwirtschaftliches Gut mit über 2000 Hektar Landbesitz. Seine Kindheit war unbeschwert, bestand aus Jagen, Patronenstopfen und frühen Hetzjagden mit dem Pony hinter der Barsoi-Hundemeute. Seine Lebenserinnerungen sind von jagdlichen Unternehmungen geprägt. In Riga besuchte er das Gymnasium und ging Anfang 1916 nach Dorpat zum landwirtschaftlichen Studium, wo er bald als Leibulan in das Ulanenregiment der russischen Nordarmee einberufen wurde. Er machte sich mit einem Leib- und Pferdeburschen auf und kämpfte notgedrungen auf der russischen Seite bis zur „Befreiung" Rigas durch preußische Einheiten im Orlog. Ab April 1918 arbeitete er als landwirtschaftlicher Eleve auf einem Rittergut bei Pasewalk und ging noch im selben Jahr zurück nach Riga, um in der Landeswehr gegen die vorrückenden Bolschewiken zu kämpfen. Sein Vater war ein Begründer der Landwehr und beschrieb seine Erfahrungen in dem Buch *Ritt nach Riga*. 1919 nahm er Abschied vom Militär und nahm sein Studium wieder auf, was ihn nach Berlin brachte. Er teilte das Entsetzen der baltischen Landjunker über die Flucht des Kaisers nach

Holland und die Hoffnung, daß die Revolution durch das heimkehrende Heer niedergeschlagen und die Monarchie wieder eingesetzt werden würde. Nach der Elevenzeit leitete der Baron das landwirtschaftliche Gut Schloß Strass bei Passau und trat dem *Stahlhelm* bei. 1921 starb sein Vater an den Folgen einer Kriegsverletzung, in dem gleichen Jahr wie Philipp Fürst zu Eulenburg verschied. Es folgte die Einberufung zum Grenzschutz Ost. 1925 leitete er ein polnisches Gut (Pempowo) in der Provinz Posen, doch bekam er Probleme mit den örtlichen Behörden wegen seiner Aufenthaltsgenehmigung. Über eine Empfehlung Professor Aeroboes, der als Berater während der Weltwirtschaftskrise für die Eulenburgs tätig war, kam Baron Engelhardt nach Liebenberg.

Durch die Heirat mit Ingeborg fand er vorübergehend eine neue Heimat, doch währte das Eheglück nur einige Jahre. Ende 1929 trat er dem *Nationalsozialistisches Kraftfahrkorps* (NSKK) bei, einer motorisierten Einheit der Nationalsozialisten. Er holte seine Schwester Dagmar als Kindermädchen in das Seehaus und zog mit der Familie 1935 nach Häsen, um das dortige Gut zu verwalten. Liebenberg übernahm Wend Graf zu Eulenburg. Hans Scheu, der Direktor von Häsen, ging nach Liebenberg. Im November 1934 traf Engelhardt anläßlich einer Jagd bei seinem Freund Joachim Arnim auf Hermann Göring, was ihm eine Einladung in die Schorfheide erbrachte. Er avancierte zu einem Führer des NSKK. Im Herbst 1936 erfolgte die Scheidung von Ingeborg, womit er den direkten Familienbezug zu den Eulenburgs verlor. Friedrich Wend verpachtete ihm das kleine Gut Hohenfelde bei Templin, da er Häsen verlassen mußte. Im Jahr 1937 verheiratete sich Ingeborg mit dem Flieger-Hauptmann von Schoenebeck. Engelhardt ehelichte Ende des Jahres Edel Schaller. Durch den Kriegsausbruch und den Freundschaftspakt mit Stalin begann die Umsiedlung der deutschstämmigen Balten, womit die Engelhardts ihren Besitz verloren. Zum Ausgleich erhielt der Baron 1940 das enteignete polnische Gut Zalesie mit rund 900 Hektar Land. 1943 erfolgte die Einberufung zur Wehrmacht. Engelhardt kam an die Ostfront in die Nähe von Brest (Wend zu Eulenburg war etwa zur gleichen Zeit bei einem Strafbataillon in der selben Gegend stationiert). Im November 1944 erfolgte die Verlegung nach Ungarn und nach Kriegsende der Rückmarsch über Österreich und der Einsatz als Erntehelfer in Kümmerdingen, wo er wieder mit seiner Familie zusammentraf (mit Edel hatte er zwei weitere Kinder). Durch die Währungsreform 1948 erhielt er einen Kredit von 5000 DM (ca. 2500 Euro) als Soforthilfe und kaufte einen Wagen, um sich als Taxifahrer durchzuschlagen. Seine Frau nahm eine Stellung in der Britischen Kontrollkommission als Dolmetscherin an und arbeitete ab 1950 im Auswärtigen Amt in Bonn. Rudolf von Engelhardt zog nach Holsen in der Nähe Bielefelds um, wo er als Fuhrunternehmer arbeitete, während seine Frau als Chefsekretärin der deutschen Botschaft nach Moskau ging. Auch in den nächsten Jahren sahen sich die Eheleute kaum. Edel arbeitete später in Madrid und ging 1962 nach Los Angeles in das deutsche Generalkonsulat. 1959 fand der Baron seine „letzte Heimat" in Österreich. Er übernahm in Türnitz, mittlerweile 62 Jahre alt, die Verwaltung eines Forstgutes, wo er bis zu seinem Lebensende 1991 blieb.

In seinen Lebenserinnerungen spricht der Baron stets von seinen Jagdabenteuern, vom Reiten und nicht zuletzt begeistert von Autos. Er war ein enthusiastischer Autofahrer, liebte die Geschwindigkeit und das Zurücklegen großer Strecken, er, der immer wieder nach neuen Heimstätten suchen mußte. Durch seine Herkunft, seine Erziehung war er der Überzeugung nach immer ein Landadeliger, ein Nationalist und Patriot, der in der Monarchie und später im Nationalsozialismus die vorrangige Stellung der Landjunkerschaft bestätigt sah. In seinen Lebenserinnerungen kommt nie Zweifel auf an der Richtigkeit oder Falschheit der jeweiligen Machthaber, denen er diente, aber auch nie die Frage nach Schuld oder Mitschuld an den Verbrechen der Nationalsozialisten. Zweifellos teilte er nicht das angesagte Denken über eine Vorherrschaft einer arischen Klasse und brachte sich selbst in Gefahr mit der guten Behandlung polnischer Kriegsgefangener. Rudolf von Engelhardt war wohl ein prinzipientreuer Mann, der hart zu sich war und die gleiche Härte von anderen, auch von seinen Nächsten erwartete.

Große Lanke

Der Sommer reicht bis in den Herbst. Ich sitze abends am Ufer der Großen Lanke und blicke hinaus auf das Wasser. Schon Fontane kam in Begleitung gerne hierher, „um in einem Borkenhäuschen den Tee zu nehmen und sich unter neckischem Spiel, als wäre es im Sommernachtstraum, über Wald und See hin zu verteilen, zu haschen und zu suchen. An dem Schilfgürtel entlang schiebt sich das Boot, unter den Uferbäumen ist es wie Flüstern und leises Lachen, und nun geht der Mond auf und gießt sein Licht über die stillbewegte Flut".

Ich denke an die früheren Bewohner des Seehauses, an die Eulenburgs und Rudolf Baron von Engelhardt, der hier ein paar Jahre lebte, bevor er nach Häsen ging. Ich erinnere mich an ein Foto, das ihn und Libertas auf dem Eis zeigt. Er war ein guter Schlittschuhläufer gewesen, erzählte mir eine alte Dame, die den Baron noch kannte und setzte hinzu, daß man damals munkelte, der Baron und Libertas hätten etwas gehabt miteinander. Wer kann das schon wissen, denke ich und gönne Libertas gerne alle weltlichen Freuden, ihr, die unter dem Schafott der Nazis endete. Auch die Freunde von Libertas und ihrem Mann Harro Schulze-Boysen, Mitglieder der *Roten Kapelle,* kamen oft nach Liebenberg. Sie zelteten hier an der Großen Lanke oder drüben an den kleineren Waldseen. Sie feierten, sie lebten und um so gefährlicher ihr versteckter Kampf für Deutschland wurde, desto mehr schienen sie ihre Vergnügungen zu genießen. Meine Großmutter hatte mir einst erzählt, daß die wildesten Feiern unter Bombenhagel stattgefunden hätten, Tanz auf dem Vulkan.

Später, als die Führer des Arbeiter- und Bauernstaates sich hier hinter den schweren Vorhängen im Seehaus versteckten, war es vorbei mit der Lebensfreude auf der Lanke. Ein Boot der Volkspolizei holte die Schwimmer, die sich zu weit in Richtung Seehaus vorwagten, aus dem Wasser und vertrieb selbst spielende Kinder.

Ich gehe zurück. Über mir das Seehaus in der Dämmerung. Alle Fenster sind dunkel. Beinahe düster ragt es auf. Ich denke an die Geschichten über Otto Warburg, den jüdischen Wissenschaftler, der während des Kriegs im Seehaus forschte. Aus Plötzensee hätte er sich die Leichname Hingerichteter kommen lassen und im Keller seziert. Und wirklich stehen noch alte, beige Metalltische dort unten. Mit den Erzählungen im Ohr wirkt der verwinkelte Keller unheimlich. Doch später weiß ich mehr über Warburg, erfahre, daß er an Mäusen und Ratten forschte – die Labors waren im Erdgeschoß und nicht in düsteren Kellerräumen – und nirgendwo in der Literatur über Warburg findet sich ein Hinweis über Sektionen oder Versuche mit Leichenteilen. Doch das Seehaus, mit seiner abgeschlossenen Lage, war schon immer gut für Gerüchte und Spekulationen.

Auf der Terrasse drehe ich mich noch einmal um, blicke über den dunklen Spiegel der Großen Lanke und über die Wälder zu meiner Rechten. Dort treffen sich die Neonazis, üben an großen Feuern Paradeschritte und schreien ihren Haß in die Nacht. Das wurde mir erzählt und diese Tatsache und deren Duldung bereitet mir ein größeres Unbehagen als alte Sagen.

Doch auf all meinen Wanderungen durch die Gegend um Liebenberg fand ich nie besagte Stätte, keine heruntergebrannten Lagerfeuer und in Gesprächen mit Liebenbergern hörte ich niemals rechte Parolen oder eine Zustimmung zu solcher Geisteshaltung heraus. Die Zeit, die den Liebenbergern als die beste in Erinnerung ist, war die Zeit des Schulgutes. Jeder hatte Arbeit, man war befreit von der fürstlichen Herrschaft und es ging „Vorwärts zum Aufbau des Sozialismus" (verblichene Aufschrift auf einer Scheune im Gutshof).

Wie ungeliebt die Erinnerung an die Ära Eulenburg ist, ist mir nicht ganz verständlich, da ich in dieser Zeit, die wichtigste, prägendste für Liebenberg sehe. Und doch scheinen ungute Erinnerungen tief zu sitzen. Ich denke an den Straßennamenwettbewerb, der für einige Aufregung im Dorf sorgte. Im Herbst 2000 lobte die LEG *Wohnen* einen Straßennamenwettbewerb aus, da unter der Postleitzahl 16775 in den einzelnen Gemeindeteilen mehrere Dorfstraßen existieren und es in der Vergangenheit des öfteren zu Fehllieferungen durch die Post und damit zu Verzögerungen gekommen war. Der Name Dorfstraße sollte umgewandelt werden in einen ortsbezüglichen, unverwechselbaren Namen.

Bei dem Wettbewerb, der dann im Gemeindeblatt veröffentlicht wurde, war die Teilnahme sehr gering. Gerade acht Stimmen wurden abgegeben. Die Mehrzahl dieser Minderheit votierte aus historischen Gründen für eine Umbenennung in Eulenburgstraße. Für eine weitere Lösung kamen bis zum Ende der Wettbewerbsfrist keine anderen Vorschläge. Als publik wurde, daß die Dorfstrasse in Eulenburgstraße umbenannt werden sollte, wurde der Unmut gegen diesen Namen hörbar.

„Die Historie soll nicht überbewertet werden!", hieß es, „wir haben schon eine Libertas-Kapelle, eine gleichnamige Schule im Nachbarort Grüneberg, eine Eulenburg-Hertefeld-Stiftung mit Gedenkstein und wir haben nicht immer rosige Erinnerungen, dafür unschöne Geschichten unserer Eltern und Großeltern über die alten Zeiten im Gedächtnis!" Erinnerungen werden im Laufe der Zeit kontrastreicher, zum Teil tritt das Schöne in den Vordergrund, sind die alten Zeiten aber in eine schwarze Grundstimmung eingefärbt, drängt sich vergangenes Unrecht umso deutlicher an die Oberfläche, je nach Einstellung und Sichtweise. „Was geschah denn mit den Landarbeitern, die ihr Kreuz nicht bei der NSDAP machten bei den Wahlen ab 1933?" fragte man, und weiter: „Wer deshalb entlassen wurde, dem drohte neben der Arbeitslosigkeit gleichzeitig der Verlust des Heimes und der Heimat, da eben alles dem Fürsten gehörte. Was bekam man denn zu hören, wenn man weiter beim jüdischen Kolonialwarenhändler Kohn in Falkenthal seine Waren bestellte? Man hatte sich zu fügen," hieß es. Natürlich kamen auch andere Stimmen zu dem Grummeln. Wer hat denn Liebenberg gegründet, wurde gefragt, ohne einen Hertefeld, ohne einen Eulenburg gäbe es kein Dorf. Wer hat denn die Häuser gebaut, Arbeit und Arzt gestellt, Deputat und Donationen bewilligt? Mit was soll sich denn Liebenberg identifizieren, wenn nicht mit seiner aristokratischen Vergangenheit, die natürlich nicht immer nur positiv war für den „kleinen Mann" und den Strömungen der Zeit unterlag. Schließlich gab es ja auch Gegenbeispiele in der dunklen Zeit des Dritten Reiches und davor!

Doch das Grummeln überwog und artikulierte sich in der Gemeinderatsitzung im Einwand des Liebenberger Gemeindevorstehers gegen den sofortigen Beschluß. Von anderer Stelle kam bei dieser Gelegenheit der Vorschlag, den Liebenbergern allgemein und den Bewohnern der Dorfstraße im Besonderen, (denn die müßten ja mit dem neuen Namen leben,) die Möglichkeit zu geben, ihre Wünsche verlauten zu lassen.

Eine Liste wurde erstellt und von Haus zu Haus gereicht. Jetzt konnte jeder seine Meinung kundtun. Die Dorfstraße unterschrieb mit Mehrheit gegen eine Benennung in Eulenburgstraße und votierte für den neutralen Namen: Bergsdorfer Straße. Diesmal kamen siebzig Stimmen zusammen. Die Befürworter der Eulenburgstraße wollten eine Gegenliste hinterherschicken, was aus Gründen der dörflichen Ruhe unterblieb.

Die Wahl fiel in der nächsten Gemeinderatsitzung zugunsten der Mehrheit der Stimmen, die spät zwar, doch nicht zu spät sich aufschwangen zu ihrem Unmutsgesang. Die Dorfstraße eben jetzt Bergsdorfer Straße.

Libertas – eine Frau im Widerstand

Am Abend des 22. Dezember 1942 wurde Libertas Schulze-Boysen von einem Fallbeil der Kopf abgeschlagen. Ihr Mann, Harro, war kurz zuvor erhängt worden. Hitler hatte angeordnet, daß die Anführer der Widerstandsgruppe *Rote Kapelle* „wie Schweine am Haken hängen sollen".

Neunundzwanzig Jahre zuvor, am 20. November 1913 wurde Libertas Viktoria als drittes Kind in Paris geboren. Ihre Eltern waren eine Tochter des Fürsten Philipp, Victoria (Thora) Gräfin zu Eulenburg und der Modeschöpfer und Lebemann Otto Haas-Heye. Beim Ausbruch des Ersten Weltkrieges weilte die Familie in Liebenberg. Haas-Heye benutzte eine *Werkbund*-Ausstellung, die er in Bern organisierte, um sich dem Wehrdienst zu entziehen. Er blieb bis 1920 in der Schweiz, woraufhin er zurückkehrte und die Mode- und Kostümabteilung der Unterrichtsanstalt des *Staatlichen Kunstgewerbemuseums* in Berlin gründete. Die real nicht mehr existierende Ehe mit seiner Frau Thora wurde 1921 offiziell geschieden.

Die drei Kinder verbrachten ihre frühe Kindheit in Liebenberg. 1921 kamen der Älteste, Johannes, zwei Jahre später auch Ottora und Libertas zum Vater nach Berlin, wo sie bei Valerie Wolffenstein, einer Mitarbeiterin Otto Haas-Heyes, wohnten. Nach einem kurzen Pariser Aufenthalt wurden die Kinder getrennt. Johannes kam auf ein bayrisches Internat und Ottora auf eine Haushaltsschule in Potsdam. Die dreizehnjährige Libertas wurde bei einer Familie in Zürich untergebracht, wo sie sechs Jahre lebte und die Maturitätsprüfung ablegte. Die Ferien verbrachte sie in ihrem geliebten Liebenberg, wo sie ihre Verwandten traf und zu Pferd die Landschaft genoß. Hier war ihre Heimat, eine intakte Familie hatte sie nie kennengelernt.

Die sehr religiös erzogene Libertas war ein unsteter Mensch, begeisterungsfähig und begeisternd, temperament- und phantasievoll, anschmiegsam und dabei immer in Bewegung. Sie wollte Anerkennung und forderte Aufmerksamkeit. Sie hatte Esprit und eine große Neugier dem Leben gegenüber. Schon als Zehnjährige fragte sie ihre Geschwister: „Was liebt ihr mehr: Geld und Leben oder Ruhm und Ehre?" und schon in ihrer Betonung wäre klar ersichtlich gewesen, was ihrer Auffassung nach die einzig richtige Antwort war. Früh begann sie zu schreiben und ein Gedicht aus ihrer Schulzeit scheint einen wissenden Schatten auf ihren Lebensweg vorauszuwerfen:

„Courte et bonne möchte ich das Leben
Stets voll heissem, grossen Streben,
Aufwärts zur Vervollkommnung.
Kämpfen, fallen, unterliegen –
Aber immer vorwärts gehen.
Todesmutig streitend, siegen –
Aber niemals stille stehen …"

Nach dem Abitur unternahm Libertas eine längere Reise nach Irland und England und zog im Frühjahr 1933 nach Berlin, wo sie eine Stelle bei der Filmgesellschaft *Metro-Goldwyn-Mayer* annahm. Im März des gleichen Jahres wurde sie Mitglied in der NSDAP.

Ihr Beitritt kann nicht als eine Übereinstimmung mit den Ideen der Nationalsozialisten verstanden werden, vielmehr war sie in den frühen dreißiger Jahren des zwanzigsten Jahrhunderts wie viele Deutsche der Aufbruchstimmung erlegen. Dazu kamen Abenteuerlust und ein Hang zum Pfadfinderleben, das bei Lagerfeuer und Volksliedern seinen Ausdruck fand. Die Liebenberger Verwandtschaft war insgesamt den Nationalsozialisten zugewandt, so konnte Libertas mit ihrem Parteibeitritt auf positive Resonanz seitens ihrer Familie hoffen. Doch schon bald stießen ihr die antisemitischen Parolen auf und in ihre Begeisterung mischten sich Zweifel über die Richtigkeit ihres Tuns. Grundsätzlich stand sie aber zu den Ideen der Nationalsozialisten und kündigte ihre Stelle bei der Filmgesellschaft, um einen halbjährigen freiwilligen Reichsarbeitsdienst in Glindow bei Potsdam abzuleisten.

Gegen Ende ihres Dienstes, am 14. Juli 1935, lernte sie während einer Segeltour auf dem Wannsee ihren zukünftigen Mann kennen.

Harro Schulze-Boysen, geboren 1909 in Kiel, stammte aus einer Offiziersfamilie und engagierte sich schon sehr früh politisch im *Jungdeutschen Orden,* einer elitären, rückwärtsgewandten Verbindung, die den mittelalterlichen Deutschen Ritterorden als Vorbild hatte. Er entwickelte seine Ideen weiter und erkannte, indem er sich mit dem scheinbar funktionierenden System der Sowjetunion beschäftigte, die Rolle der Arbeiterschaft. Er blieb seinem Ideal, der Herrschaft einer elitären Oligarchie, treu und lehnte Massenbewegungen, gleich welcher Coleur ab.

1931 beendete er vorzeitig sein Jurastudium und arbeitete an der Zeitschrift *Gegner* mit, die ein Diskussionsforum für alle Richtungen politischer Einstellungen bilden sollte. Infolge der Machtergreifung der Nationalsozialisten verhaftete man Harro Schulze-Boysen und einen weiteren Mitarbeiter des *Gegners* und prügelte die Gefangenen. Harro kam durch Intervention seiner Eltern nach einigen Tagen frei, sein Freund erlag den Mißhandlungen. Durch familiäre Beziehungen bekam er eine Ausbildungsstelle an der Verkehrsfliegerschule in Warnemünde und danach im Reichsluftfahrtministerium. Trotz seiner politischen Vergangenheit wurde er wegen seiner Sprachkenntnisse in der Abteilung *Fremde Luftmächte* angestellt. Schulze-Boysen arbeitete, da es gegen das vorherrschende System unmöglich schien, in seinen Reihen für die Ideale einer demokratisch-humanistischen Weltordnung, die von „den Besten aus allen Lagern" angeführt werden sollte. Er verspürte dieses Ziel als Sendung und ordnete alle Interessen darunter, auch die persönlichen. Dazu kam sein Haß gegen die Nazis und sein Racheansinnen. Sein Freund vom *Gegner* sollte nicht ungesühnt gestorben sein.

Libertas erlag diesem charismatischen, zielbewußten Mann und begeisterte sich für sein Tun, zu dem Preis allerdings, die Sehnsucht nach familiärer Geborgenheit als unerreichbar anzuerkennen. Auch nach der Trauung in der Liebenberger Schloßkapelle am 26. Juli 1936 lebte das Paar nicht das deutsche Eheideal. Sehr zum Leidwesen von Harros Mutter. Sie wünschte sich eine traditionelle Frau für ihren Sohn. Dieser machte seiner Mutter klar, daß er „die allgemeine mitteleuropäische Strafversetzung der Frau in die Küche" nicht mehr mitmachen würde und für Kinder fanden sie die Zeit nicht geeignet. In einem

Brief an seine Mutter bat Harro, Ansichten von den sinnlichen Reizen einer schwangeren Frau doch lieber einem Manne zu überlassen. Vielmehr führten sie eine offene Beziehung, was Affären außerhalb der Ehe mit einschloß. Bald wendete sich Libertas vom Nationalsozialismus ab, trat aus der Partei aus und bekannte sich bei Freunden zu ihrer Gegnerschaft des Regimes.

Zu dieser Zeit kam Hermann Göring häufig von Karinhall nach Liebenberg, um in den Eulenburgschen Wäldern zu jagen. Libertas fuhr nach Liebenberg, als sie erfuhr, daß Göring wieder einmal zu Gast war. Sie wartete vor seinem Zimmer auf ihn und hatte anschließend eine Unterredung, wobei sie eine Protektion Harros durch Göring erreichte (zu diesem Zeitpunkt war sie noch Parteimitglied). Harro stieg nun nach einer Reihe von Lehrveranstaltungen bis zum Oberleutnant der Reserve auf.

Libertas arbeitete als freie Journalistin und wurde Ende 1941 in der Kulturfilmzentrale des Reichspropagandaministeriums als „Sachbearbeiterin für Kunst, deutsches Land und Volk, Völker und Länder" angestellt. In ihrer Berliner Wohnung gingen Freunde ein und aus. Bei diesen Treffen wurde neben künstlerischen Themen, viel über Politik gesprochen, und aus Angst vor der Gestapo verkleinerte sich der Kreis auf etwa 25 Personen.

1938 erfuhr Harro Schulze-Boysen im Reichsluftfahrtministerium, daß seitens der Deutschen Abwehr ein Putsch in Spanien geplant sei, um Franco zu unterstützen. In dem Hitler ablehnenden Freundeskreis wurde beschlossen, die Russische Botschaft mittels eines Briefes über den Vorgang zu informieren. Dies war der Beginn des aktiven Widerstandes. Es bildete sich eine Gruppe um Harro heraus, die mit Flugblättern, Briefen und Plakatieraktionen die Bevölkerung zum Umdenken bringen wollte. 1940 nahm Harro Verbindung mit Arvid Harnack auf, einem Regierungsrat im Wirtschaftsministerium und überzeugten Kommunisten. Die *Boysen-Harnack-Gruppe* kam an wichtige taktische und wirtschaftliche Kriegsinformationen. Die Gruppe verwertete diese Informationen anfangs in Flugblättern, später, nachdem Adolf Hitler den Nichtangriffpakt mit Rußland gebrochen und die Sowjetunion angegriffen hatte, fühlte sich Schulze-Boysen bestärkt, daß die Rettung nur vom Osten kommen könne. Von russischen Agenten erhielten sie zwei Sendegeräte und versuchten verschlüsselte Funksprüche nach Moskau zu senden. So sollte die Gegenseite zu Informationen über den genauen Bestand der Kampfflugzeuge auf deutscher Seite oder geplante Vorhaben kommen. Doch die locker zusammengefügte Gruppe hatte Schwierigkeiten mit dem Funkverkehr. Der Funker, Hans Coppi, war unzureichend ausgebildet und die Übermittlung von Funksprüchen fand kaum statt.

Der russische Agent Gurevitsch, mit Decknamen *Kent,* reiste aus Brüssel an und versuchte den Funkverkehr zu organisieren, nahm wichtige Botschaften mit nach Brüssel und übermittelte sie von dort. „Darunter die Nachricht, es sei eine Offensive gegen den Kaukasus in Richtung Maikop zu erwarten, die englischen Spionageorganisationen auf dem Balkan seien aufgedeckt worden, ferner Mitteilungen über die deutschen Verluste auf Kreta, den Einsatz von Fallschirmjägern bei Leningrad, den bevorstehenden Gaskrieg sowie über den zahlenmäßigen Bestand der deutschen Luftwaffe und die Produktion der deutschen Luftrüstung" (aus den Gestapo-Protokollen über die *Rote Kapelle*).

Die deutsche Abwehr konnte den Funkspruch, in dem Kent die Order und die Adressen der Berliner Gruppe nach Brüssel mitgeteilt bekam, abfangen und entschlüsseln. So war es nur noch eine Frage der Zeit, bis die Gestapo zugriff.

Libertas fungierte bei den Aktionen als Kurierin, warb neue, ihr vertrauensvoll erscheinende Mitarbeiter und half bei der Herstellung und Verteilung der Flugschriften. Ihre Stellung in der Kulturfilmzentrale nutzte sie, um Fotos von den Greueltaten an der Front zu sammeln. Ihr Mitarbeiter Alexander Spoerl, mit dem sie eine tiefe Freundschaft verband, half ihr bei dieser Arbeit. Es sollte ein Archiv angelegt werden, um es später zur Veröffentlichung ins Ausland zu schmuggeln.

Am 31. August 1942 wurde Harro Schulze-Boysen verhaftet. Libertas wurde gewarnt, woraufhin sie belastendes Material vernichtete. Sie warnte andere Mitglieder der Gruppe, was der Gestapo, die sie bereits überwachte, nur dienlich war. Am 8. September wollte sie, nervlich stark angegriffen, mit dem Nachtzug nach Traben-Trabach fahren, doch in Potsdam wurde sie im Zug verhaftet. Man brachte sie in das Reichssicherheitshauptamt in der Prinz-Albrecht-Straße, das Haus, in dem sich einst die Mode- und Kostümabteilung des Kunstgewerbemuseums befunden hatte. Als Kind war sie durch die langen Gänge getobt, als ihr Vater hier das Museum leitete. Die Gestapo verhaftete in kurzer Folge über Hundert Verdächtige, die sie dem Kreis zuordnete. Die Gefangenen wurden teils unter Folter vernommen, Libertas behandelte man zuvorkommend. Sie war schon in den letzten Monaten der Sache nicht mehr gewachsen und brach nach der Verhaftung psychisch zusammen. In ihrer Not vertraute sie sich einer Mitgefangenen, Gertrud Breiter, an, nannte Namen und Hintergründe. Die vermeintlich Mitgefangene war aber die Sekretärin des leitenden Kommissars, dem so wichtige Informationen zugespielt wurden. Die Mitangeklagten der *Roten Kapelle* verständigten sich in Kassibern verständlicherweise sehr negativ über das Verhalten von Libertas. Bis zuletzt glaubte sie nicht daran, zum Tod verurteilt zu werden. Sie bekam eine Schreibmaschine und begann wieder, wie in früheren Jahren mit dem Dichten. In ihren Briefen kommt eine Hinwendung zum Glauben zum Ausdruck, der ihr Trost spendete. Mit Harro versöhnte sie sich wieder in ihrem Herzen, es scheint in der Zeit vor der Verhaftung größere Spannungen gegeben zu haben, die mit beider Art, die eheliche Treue zu interpretieren, zusammenhing. Die Ankläger stellten die Widerstandsgruppe als eine moralisch verkommene Gesellschaft da, die sich durch Orgien und sexuelle Exzesse auszeichnete. Vielmehr scheinen sich die tatsächlich stattgefundenen Liebschaften und Affären auch auf die Angst, jederzeit verhaftet und sein Leben verwirkt zu haben, zu begründen. Dazu kam noch die theoretisch angestrebte Überwindung alter bürgerlich-moralischen Normen, wozu auch die tradierte monogame Ehe gehörte.

Helmut Meyer beschreibt in der fabelhaften Broschüre: *Von der Hohen Promenade zur Roten Kapelle – Der Weg der Libertas Haas–Heye (Schulze-Boysen) in den antinationalsozialistischen Widerstand* (Separatdruck aus dem Zürcher Taschenbuch auf das Jahr 2001) die letzten Stunden: „Am Nachmittag des 22. Dezember wurden die zum Tod Verurteilten in den verschiedenen Gefängnissen abgeholt und zur Strafanstalt gebracht, in deren Hof sich der Hinrichtungsschup-

pen befand. Für einen Teil der Todeskandidaten hatte Hitler Erhängen statt des üblichen Enthauptens angeordnet; die Gefängnis-
leitung hatte daher – bereits vor dem Prozess! – die nötigen Instal-
lationen eingerichtet. Die Verurteilten hatten in einzelnen Zellen
auf ihre Hinrichtung zu warten. Um neunzehn Uhr begann man mit
dem Erhängen; Harro Schulze-Boysen war zehn Minuten später als
zweiter an der Reihe. Etwa eine Stunde später wurden Libertas die
Haare geschoren; sie hatte ein weites Kleid und Holzpantinen an-
zulegen. Um 20.30 Uhr führte man sie mit gefesselten Händen über
den Hof zum Schuppen. Im Vorraum wurde nocheinmal das Todes-
urteil verlesen, dann öffnete sich ein schwarzer Vorhang zum Raum
mit der Guillotine. Sie hatte sich an ein ausgekehltes hohes Brett zu
stellen, das sogleich von den Gehilfen des Scharfrichters in die Ho-
rizontale gekippt wurde, so dass der Hals unter dem Fallbeil lag. Im
gleichen Moment ließ der Scharfrichter durch Knopfdruck das Fallbeil sausen. Der Körper bäumte sich, die Holzpantinen flogen weg,
ein gewaltiger Blutstrahl schoss aus dem Hals, der Kopf purzelte in
einen Weidenkorb. Die sterblichen Überreste kamen in das Anato-
mische Institut der Universität Berlin, wo der Anatom Hermann
Stieve anhand der Leichen hingerichteter Frauen etwas makabre Forschungen über den Zusammenhang zwischen Todesangst und Men-
struationszyklus anstellte. Eine Bestattung, die sie sich in Liebenberg
gewünscht hatte, fand nie statt."

Libertas Mutter Thora versuchte am nächsten Tag zu ihrer Tochter
zu gelangen, um ihr ein paar Weihnachtsgeschenke zu bringen. Niemand klärte sie über die Hinrichtung auf. Erst Tage später erfuhr man
in Liebenberg, daß Libertas bereits tot war.

Von den siebenundsiebzig Angeklagten starben dreiundvierzig unter
den Händen des Henkers, achtundzwanzig wanderten in das KZ oder
in ein Zuchthaus, drei wurden freigesprochen. Zwei Haftstrafen wurden auf Geheiß Hitlers nachträglich in Todesstrafen umgewandelt.
Die *Rote Kapelle* wurde als kommunistischer Spionagering diffamiert.
Noch bis nach der Wende haftete den Widerstandskämpfern ein
Makel an, der eine anständige Rezeptionsgeschichte verhinderte.
Langsam werden die Hingerichteten und Eingesperrten als das be-
trachtet, was sie waren: Eine bunt zusammengesetzte Gruppe aus

jungen Menschen, die sich nicht der Hitlerdiktatur beugen wollten, und das ihrige taten, um den Krieg schneller zu beenden. Es waren Kommunisten, Christen, Liberale und Konservative, Männer und Frauen, deren Andenken man ehren sollte.

Otto Warburg – ein Labor im Seehaus

Der berühmte Biochemiker, Physiologe und Nobelpreisträger Otto Warburg leitete bereits in den Vorkriegsjahren das *Kaiser-Wilhelm-Institut für Zellphysiologie* in Berlin-Dahlem. Seiner Abstammung nach war er Halbjude, was ihn gegen Ende der dreißiger Jahre des zwanzigsten Jahrhunderts in große Gefahr brachte, denn die Nazis schreckten auch vor Wissenschaftlern mit Weltruhm nicht zurück. Wer nicht rechtzeitig auswanderte, landete schließlich in den Konzentrationslagern. Bereits zu Beginn der Naziherrschaft emigrierten tausende jüdische Wissenschaftler, Gelehrte und Künstler, was Deutschland, dem ehemaligen Land der Dichter und Denker, eine nie mehr zu verschmerzende Leerstelle im kulturellen Bereich hinterließ. Otto Warburg, Freiwilliger im Ersten Weltkrieg, blieb. Schon sein zum Christentum konvertierter Vater hatte mit der jüdischen Verwandtschaft gebrochen und seinen Sohn in diesem Sinne erzogen. 1941 mußte er sein Direktorat zur Verfügung stellen. Der Verlust des Amtes traf Otto Warburg schwer.

Der Chirurg Ferdinand Sauerbruch setzte sich für Warburg ein. Außerdem unterstützte ihn das befreundetes Ehepaar Schoeller, das mit dem Leiter der Reichskanzlei, Philipp Bouhler, verwandt war. Bouhler war zuständig für alle Rasseangelegenheiten, wozu auch die „Judenfrage" gehörte. Er lud Warburg in die Reichskanzlei ein, wo ihm die Weiterarbeit an der Krebsforschung zugebilligt wurde. Warburg glaubte kurz vor der Entdeckung eines Krebstherapeutikums zu stehen, was die Reichsleitung aufhorchen ließ. Hitler hatte panische Angst vor einer Tumorerkrankung. Seit ihm an den Stimmbändern ein gutartiger Polyp entfernt worden war, glaubte er, wie der *99-Tage-Kaiser* Friedrich III., an Kehlkopfkrebs erkrankt zu sein. Das schien Warburg gerettet zu haben. Ihm wurde das Amt als Direktor belassen und man gestatte dem Wissenschaftler sogar, ein Gesuch als „jüdischer Mischling ersten Grades auf Gleichstellung mit

Deutschblütigen" zu stellen. Das *Kaiser-Wilhelm-Institut* wurde zum Wehrbetrieb ernannt, was Sondervergünstigungen mit sich brachte. So wurden alle Mitarbeiter als für die Front unabkömmlich eingestuft und die Versuche konnten in Dahlem weitergeführt werden. Nachdem sich Anfang 1943 die Luftangriffe der Alliierten auf Berlin häuften und auch das Institut Schaden nahm, suchte man nach einem Ausweichquartier. Friedrich Wend Fürst zu Eulenburg stellte dem *Kaiser-Wilhelm-Institut* das seit Jahren leerstehende Seehaus zur Verfügung. Mit höchster Dringlichkeit wurde das Seehaus instandgesetzt. Das Dach wurde repariert, eine Trafostation errichtet und der Stromanschluß vollzogen. Alles in einer Zeit, in der höchster Mangel herrschte. Die Mitarbeiter zogen mit nach Liebenberg und einige richteten sich im Seehaus ein. Im Keller wurden die Versuchstiere, Laborratten, gehalten, in den oberen Stockwerken die Labors und Wohnräume eingerichtet. Nach den Mitteilungen eines Mitarbeiters schien Warburg vor der Laborausrüstung in erster Linie der Transport seiner wertvollen *Chippendale*-Möbel und der Privatbibliothek wichtig zu sein. Als dies – mithilfe der raren Benzinmarken – bewerkstelligt war, zog sich Warburg auf seinen Feriensitz in Nonneviz auf Rügen zurück und überließ die Organisation und Einrichtung der Labors seinen Mitarbeitern.

Er wurde – wie immer – von seinem „Kammerdiener", Jacob Heiss, begleitet, mit dem ihn mehr als ein freundschaftliches Verhältnis verband. Hier schien sich Warburg sicherer als im Berliner Umland zu fühlen, sicherer vor Bomben und vor Denuntianten. Doch er wurde bei der Gestapo angezeigt. Seine Homosexualität kam zur Sprache, die Verwendung der Benzinmarken für Privatfahrten, das Nichtfunktionieren der neuen Forschungsstätte und ein Deutschlandhaß wurde ihm angedichtet. Eine Kontrolle stand ins Haus. Bouhler höchstpersönlich erschien im Seehaus. In kurzer Frist hatte Warburgs Mitarbeiter Bücher die Laboratorien einsatzfähig gemacht, Warburg war angereist, sein Lebensgefährte hielt sich im Hintergrund, und es wurde vorbildlich gearbeitet. Wieder einmal hatte Warburg Glück gehabt.

Otto Warburg blieb vorerst in Liebenberg. In den Kriegsjahren, unter ständigem Druck, unauffällig zu bleiben, entwickelte sich gegenläufig sein Hang zur Rechthaberei und Streitsucht. Mit den Liebenberger Arbeitern führte er nicht wenige Fehden, oft wegen Lapalien. Andererseits ließ er den holländischen Kriegsgefangenen, die ihm vom Gut für Hilfsarbeiten zur Verfügung gestellt wurden, sonntags eine Torte backen und hin und wieder eine Gans braten. Natürlich wurde er denunziert und auf die telefonische Anfrage von höherer Stelle, ob das sein müsse, antwortete er: „Ja, es muß sein" und legte den Telefonhörer auf. Zur Fürstenfamilie hatte er einen guten Kontakt. Warburg war Musikliebhaber. Und wenn er in Liebenberg war, besuchte er die Musikabende im Schloß. Im Februar 1945, kurz bevor die Eulenburgs vor der heranrückenden Roten Armee flüchten mußten, setzte sich Warburg mit seinem Lebensgefährten nach Nonneviz ab. Einige Mitarbeiter (Lüttgens) blieben im Seehaus. Nach der Besetzung Liebenbergs überprüften russische Offiziere die Labortagebücher, um festzustellen, ob hier kriegswichtige Forschungen durchgeführt wurden. Im gutseigenen Sägewerk mußten Kisten hergestellt werden, in die dann die Laborgerätschaften und die Bibliothek verpackt und abtransportiert wurden, nur einige Labortische (die an anderer Stelle Erwähnung finden) blieben zurück. Warburg kam erst im September 1945 von Nonneviz zurück. Als er das ausgeräumte Haus vorfand, beschwerte er sich auf der Zehdenicker Kommmandantur. Es stellte sich heraus, daß die Laborausrüstung widerrrechtlich entfernt wurde, doch der Verbleib konnte nicht mehr festgestellt werden. Der Oberkommandierende der sowjetischen Besatzungsmacht, General Shukow, entschuldigte sich persönlich und bot ihm eine finanzielle Entschädigung an, die Warburg aber ablehnte. Die russische Besatzungsmacht schätzte Warburg sehr und machte es möglich, daß sein Buch *Wasserstoffübertragende Elemente,* als eines der ersten Bücher im Nachkriegsdeutschland überhaupt, erscheinen konnte. Warburg kehrte dem Seehaus und Liebenberg den Rücken, entließ alle Mitarbeiter und forschte in Berlin, wo er durch wissenschaftliche Erfolge und unwissenschaftliche Polemik Aufsehen erregte. Er starb im Jahre 1970.

Abschließend noch eine Charakterisierung von einem seiner ehemaligen Mitarbeiter aus der Biographie *Otto Warburg – Von der Zellphysiologie zur Krebsforschung* von Petra Werner (Verlag Neues Leben,

Berlin 1988): „Wie ich ihn sehe, haben Licht und Schatten bei Warburg den gleichen Ursprung: das enorme Potential, das in der Tiefe
des Vulkans brodelt, sein außerordentliches Temperament, das ihn
zwingt, jeder seiner Ideen mit außerordentlicher Konsequenz zu folgen. (…) Manchmal, aus an sich berechtigten Ansatzpunkten heraus, läuft es mit ihm davon. (…) Dann ist er wie eine Naturerschei-
nung, vor der man erstarrt, wenn man nicht mehr das Weite suchen
kann. (…) Im großen und ganzen halte ich Warburg für einen wirklich unglücklichen Menschen (wenn er das auch nicht im Entfern-
testen zugibt), zerrissen durch widerspruchsvollste Anlagen, sein
Minderwertigkeitsgefühl, sein Bedürfnis nach Zartheit und seinen rau-
hen Egozentrismus. (…)"

Die Herrschaft unterm Hakenkreuz

Während Philipp Fürst zu Eulenburg und Hertefeld maßgeblich die Geschicke des Deutschen Reiches unter Wilhelm II. bestimmte, fiel dem amtierenden Fürsten Friedrich Wend in der Zeit des Nationalsozialismus eine unbedeutendere Rolle zu. Und doch versuchte er, gemäß seiner Tradition, in den Lauf der Geschichte einzugreifen. Die demokratischen Kräfte der Weimarer Republik verfolgten eine Schwächung der preußischen Großgrundbesitzer. Diese waren zum Großteil im Reichslandbund organisiert, der der konservativen *Deutschen Nationalen Volkspartei* (DNVP) nahestand. Einigen der Großgrundbesitzer – wie den Eulenburgs – war es gelungen ihre Güter nach modernen Gesichtspunkten zu bewirtschaften. Viele, vor allem die ostelbischen Junker, wirtschafteten noch immer nach traditionellen Vorgaben und verharrten in einem erzkonservativen Weltbild, das alle demokratischen Ansätze ablehnte. Die „aufgeklärten" Landadeligen erkannten die Notwendigkeit von Reformen, wollten sie nicht auf Dauer ihre gesamten Privilegien verlieren. Vorreiter dieser Richtung war Graf von Schlange-Schöningen, der als Osthilfekommisar unter Reichskanzler Brüning einen Entwurf erarbeitete, nicht mehr sanierungsfähige Güter zur Aufsiedelung freizugeben. Diese Bemühungen trugen ihm unter den Landadeligen den Namen „Agrarbolschewist" ein. Seine Ideen verliefen im Sande.

Zu den konservativeren, doch hellsichtigeren Kreisen kann Friedrich Wend gezählt werden. Er erkannte, daß auf lange Sicht die Macht der Großgrundbesitzer nur erhalten werden kann, wenn sich eine Regierung profiliert, die auf einer Massengrundlage fundiert. Traditionell der DNVP zugehörig, sah er in den rasch ansteigenden Mitgliederzahlen der NSDAP die Macht dieser Partei. Ironischerweise verdankten die Nazis den starken Zulauf nicht zuletzt der finanziellen und politischen Unterstützung der DNVP, die die NSDAP als Werbetrommler für ihre Zwecke einspannen wollte. Seit den Septemberwahlen 1930 überflügelten die Nazis die Deutschnationalen um das Fünffache der Mitglieder. Diese Wahlen machten die NSDAP bei den noch herrschenden Klassen interessant und viele Großgrundbesitzer näherten sich den Nazis an. So auch der Fürst von Liebenberg. Er trat der NSDAP bei und arrangierte ein Treffen mit Hitler im Januar 1931. Das von Hitler autorisierte Protokoll dieser Unterredung ließ Eulenburg vervielfältigen und schickte es mit einem Begleitschreiben an die maßgeblichen Großgrundbesitzer und an den im holländischen Doorn exilierten Kaiser. Er versuchte die Befürchtungen seiner Standesgenossen zu zerstreuen und sie zum Beitritt in die Massenpartei zu bewegen. Bei der Lektüre des Rundschreibens fallen aber auch Bedenken des Autors auf, der durch die Kenntnis des Buches *Mein Kampf* von den Plänen Adolf Hitlers informiert gewesen sein müßte. Folgend ist das dem Gesprächsprotokoll vorangestellte Rundschreiben wiedergegeben:

„Fürst Eulenburg-Hertefeld   *Liebenberg, im Februar 1931*
Liebenberg/Mark

Hochverehrter Herr Graf!

Der völlige Zusammenbruch der Deutschen Wirtschaft und die Aussichtslosigkeit, daß es dem derzeitigen Regierungssystem gelingen könnte, Wandel zu schaffen, gab mir Veranlassung, mich mit nationalsozialistischen Gedankengängen zu befassen.
Wenn ich mir auch darüber klar bin, daß eine so radikale Umstellung, wie sie die National-Sozialisten anstreben, Krisen bringen wird, deren Überwindung ungewiß ist, so sehe ich hier doch noch eine Hoffnung, während das heutige System rettungslos Vernichtung bedeutet.
Haben wir noch Zeit zu warten, bis es Hugenbergs kleiner Schar gelingt, Massen zu begeistern? Meiner Ansicht nach nicht. Der Endkampf zwischen Rechts und Links, zwischen Nationalismus und Bolschewismus, die endgültige Auseinandersetzung hat begonnen. Da es sich tatsächlich nur noch um diese beiden Pole handelt, kann es nicht

zweifelhaft sein, wem man sich anschließen soll. Programmatische Einzelbedenken können bei dieser Entscheidung überhaupt keine Rolle mehr spielen.

Ich bin Mitglied der Deutschnationalen gewesen, solange sie bestehen, es ist mir nicht leicht geworden, aus ihren Reihen auszuscheiden. Wenn wir aber den Bolschewismus nicht wollen, bleibt uns keine andere Wahl, als in die Partei hineinzugehen, die trotz mancher sozialistischer Ideen der Gegenpol des Marxismus und des Bolschewismus ist; in die Partei, hinter der heute die Masse steht, mit der wir rechnen müssen, weil ohne sie auf die Dauer keine Staatsform haltbar ist. Eine enge Verbindung der DNVP mit der NSDAP würde zweifellos schon von großem Werte sein. Das genügt aber nicht! Es müssen sich Männer mit Führereigenschaften dazu entschließen, in die NSDAP einzutreten und in ihr zu arbeiten. Nicht nur einzelne, viele müssen es sein, damit sie nach der Machtergreifung für leitende Stellen zur Verfügung sind. Wer sich erst nachher zur Verfügung zu stellen gedenkt, wird entsprechend dem italienischen Vorbild im besten Falle ein Staatsbürger zweiter Klasse sein, dem Führeraufgaben nicht zufallen werden.

Es darf aber nicht Egoismus oder Opportunismus für den Eintritt in die Partei bestimmend sein, sondern in erster Linie der Wunsch und der Wille, seine Fähigkeiten – besonders politische Führereigenschaften – in den Dienst derer zu stellen, von denen wir hoffen können, daß ihnen die Vernichtung des Marxismus gelingt.

Die Opfer, die wir im „Dritten Reich" werden bringen müssen, werden vielleicht große sein, aber wir werden leben, wirken und arbeiten können. Unter den heutigen Verhältnissen ist auch das nicht mehr möglich und wird es niemals in einem Sowjet-Deutschland sein.

Trotz dieser Tatsache hält sich der Mittel- und Großgrundbesitz im allgemeinen dem Nationalsozialismus fern. Dies erklärt sich nur daraus, daß in diesen Kreisen befürchtet wird, der Nationalsozialismus würde letzten Endes nicht anders verfahren wie Marxismus und Bolschewismus.

Um diese Frage zu klären, entschloß ich mich, Adolf Hitler persönlich aufzusuchen, um direkt aus seinem Munde zu hören, was wir von ihm zu erwarten haben.

Ich traue mir soviel Menschenkenntnis zu, um erkennen zu können, ob der mir Gegenüberstehende das meint, was er sagt oder ob seine Äußerungen taktische Manöver sind.

Es war mir außerordentlich wertvoll, Adolf Hitler kennen zu lernen, der zweifellos eine Persönlichkeit ist, die den heutigen jämmerlichen Durchschnitt weit überragt. Nicht seine äußere Erscheinung ist es, die diesen Eindruck erweckt, sondern die überzeugende Art, die Sicherheit und die Klarheit, mit der er spricht. Besonders eindrucksvoll ist sein Auge, aus dem allerdings Fanatismus leuchtet. Ohne diesen kann aber kein Führer Großes erreichen. Bei Adolf Hitler hat man jedoch den Eindruck des disziplinierten Fanatismus.

In der dreiviertelstündigen Unterhaltung war es natürlich nur möglich, einen beschränkten Fragenkomplex zu erörtern. Aus diesem habe ich gleich nach der Besprechung das notiert, von dem ich glaubte, daß es den Grundbesitz interessieren könnte. Meine Niederschrift, die ich mir hier beizulegen erlaube, hat Adolf Hitler vorgelegen und ist von ihm richtig befunden worden. Ich stelle anheim, von dem Inhalt in Bekanntenkreisen beliebigen Gebrauch zu machen.

Es würde mich freuen, wenn mein Schreiben und der Auszug aus der Unterredung mit Adolf Hitler zur Beseitigung von Irrtümern beitragen und Interesse erwecken könnte. Es handelt sich nicht mehr um unsere eigene nebensächliche Existenz, es handelt sich um Deutschlands Sein oder Nichtsein.

Mit vorzüglicher Hochachtung
ganz ergebenst
F Eulenburg-Hertefeld

N.S. Ich empfehle dringend, Adolf Hitlers Buch „Mein Kampf" zu lesen, das eine Fülle genialer Gedanken auch in bezug auf kulturelle Ziele enthält. Nutzen wird die Lektüre jedoch nur bringen, wenn man sich nicht scheut, die 800 Seiten wirklich zu lesen, nicht nur darin zu blättern und das Buch bei der ersten nicht zusagenden Stelle beiseite zu werfen. Das Buch ist geeignet, über fast alle Fragen, den Nationalsozialismus betreffend, Aufschluß zu geben."

In Liebenberg machte das Vorbild des Fürsten Schule. Die Dorfbe-
völkerung war über die politischen Geschehnisse schlecht informiert. Im *Rothen Hirschen,* der Dorfgaststätte, gab es das einzige Ra-
diogerät. Erst Mitte der dreißiger Jahre des zwanzigsten Jahrhunderts
konnte sich die Familie Balduan einen Volksempfänger anschaffen.
Einige der Beamten und Arbeiter traten der NSDAP bei. Der Haupt-
buchhalter Schumann, der Inspektor Scheu, der Förster Schade
(dessen Sohn wurde Leibjäger Görings), sowie der Oberförster Nor-
thorn auf der Beamtenseite, von den Arbeitern wurde der Schlos-
sermeister Paul Müller zum Ortsgruppenleiter ernannt. Anfangs traten noch ein Schlosser Müllers und ein Gespannführer der Partei bei.
Wer sich den Mitgliedsbeitrag nicht leisten konnte, wurde vom Fürst
unterstützt. Schon Jahre vor dem Eintritt Friedrich Wends, war sein
Schwiegersohn Rudolf Baron von Engelhardt der Partei beigetreten
(siehe Anhang Seite 131). Er gründete das Liebenberger *Nationalso-
zialistische Kraftfahrkorps* (NSKK), organisierte Geländespiele und
Kampfübungen. Unter den Nationalsozialisten und den DKP-Mit-
gliedern kam es zu Spannungen im Dorf, doch konnten sich die
Erstgenannten der Unterstützung des Schlosses sicher sein. Bei den
Wahlen 1933 wählten sechs Dorfbewohner die DKP. Schnell war er-
uiert, wer dahintersteckte. Einige mußten gehen und verloren mit
der Arbeit ihr Haus und ihre Heimat. Andere wurden herabgestuft.
Dem Gespannführer Schramm wurden seine Pferde weggenommen
und er mußte mit der Hacke auf das Feld.
Einmal wöchentlich kam der Sohn des Falkenthaler Händlers Kohn
nach Liebenberg, um die Bestellungen der Dorfbewohner aufzunehmen. Da die Familie Kohn jüdisch war, wurde es untersagt,
weiterhin dort einzukaufen. Kohn hatte zwei Söhne und eine Tochter, Hilde, deren Mann zur Waffen-SS ging. Dieser Umstand mag ihnen
das Leben gerettet haben, zumindest überstanden sie den Krieg un-
beschadet in Falkenthal. Wahrscheinlich schützte ihn auch der Ortsgruppenleiter Dummert. Nach dem Krieg wollten die sowjetischen
Besatzer Kohn zum Bürgermeister machen, doch der lehnte ab, rettete mit seiner Fürsprache aber den besagten Ortsgruppenleiter.
1933 kam der Sohn des Fürsten, Wend, von seiner Ausbildung zurück
und übernahm die Leitung des Gutes von Baron Engelhardt. Dieser

zog mit seiner Familie nach Häsen, wo er das dortige Gut bis zu seiner Scheidung leitete. Anschließend pachtete er vom Fürsten das bei Templin gelegene Gut Hohenfelde und bekam nach dem Einmarsch in Polen als Ausgleich für den enteigneten baltischen Stammsitz Schönheyden das Gut Zalesie (freilich nur bis Kriegsende). Hier kam er immer wieder in Konflikt mit Offizieren der SS, da er die polnischen Arbeiter „zu gut" behandelte. Verwundet und verarmt erlebte Engelhardt das Kriegsende. Er fand seine Familie, von der er durch die Kriegswirren getrennt worden war und arbeitete bis ins hohe Alter – zuletzt als Verwalter in einem österreichischen Forstrevier. Wend wurde vorerst „u.k." gestellt, das hieß unabkömmlich für den Kriegsdienst und verwaltete mit Inspektor Scheu, der an einem Hüftleiden litt, das Gut. Viele der Arbeiter wurden in den Kriegsjahren eingezogen und die Frauen mußten die schwere Feldarbeit verrichten, bis die ersten Kriegsgefangenen eintrafen. In den Kriegsjahren waren italienische, französische, holländische, russische und polnische Gefangene in Liebenberg. Meist etwa zwanzig Männer. Untergebracht waren sie in der Eulenburgschen Ziegelei in Bergsdorf, von wo sie zu ihren Arbeitsstätten gebracht wurden.

Unter der Herrschaft der Nationalsozialisten wurden die Liebenberger ab 1934 „geadelt": Der Reichsjägermeister Hermann Göring ließ sich über seinen Leibjäger Willi Schade, den Sohn des Liebenberger Försters, zur Jagd einladen. An den Abenden nach den Jagden fand sich die ganze Familie ein, um den hohen Gast in Augenschein zu nehmen, und Wend Graf zu Eulenburg versichert in seinen Erinnerungen, „daß sich unser Gast in unserem Kreise in jeder Weise tadellos benommen hat." Göring, der in der nahen Schorfheide seinen pompösen Jagdsitz *Karinhall* erbauen ließ, sprach auch eine Gegeneinladung dorthin aus. Und aus den Schilderungen Wends geht hervor, daß die Gäste nicht wenig beeindruckt waren von dem Dargebotenen. Unter anderem begrüßte die Liebenberger bei der Ankunft ein junger Löwe. Wend: „Als wir das Haus verließen, hatte sich uns der Löwe wieder angeschlossen. Für einen Moment stand Frau Göring, einer griechischen Göttin gleich, auf der steinernen Plattform der Gedenkstätte, neben sich den Löwen, den sie am Kopf kraulte, und mit über die Augen erhobener Hand in die Ferne blickend."

Göring kam nun jedes Jahr zur Jagd nach Liebenberg. Einmal wurde ihm von einer charmanten Frau eine Bitte angetragen, die er gern und leicht erfüllen konnte. Libertas empfahl ihren Verlobten Harro Schulze-Boysen, der in Görings Luftfahrtministerium arbeitete und erwirkte so eine Beförderung für ihn. Mit der Erfüllung dieser Bitte handelte sich Göring von höchster Stelle einigen Ärger ein, als die Widerstandsgruppe *Rote Kapelle* enttarnt wurde.

Der ahnungslose Wend, der das Engagement seiner Kusine sicher nicht gut geheißen hatte, bezahlte dafür beinahe mit seinem Leben. Sich in der Sicherheit wiegend, einen wehrwirtschaftlich wichtigen Betrieb zu leiten und damit unabkömmlich für den Kriegsdienst zu sein, erreichte ihn Ende 1942 der Gestellungsbefehl. Er hatte binnen 24 Stunden bei seiner Einheit, dem *Infanterie-Ersatz-Bataillon 525*, in Krossen an der Oder einzurücken. Wie sich herausstellte, war die Einheit aus Deutschstämmigen der besetzten Gebiete zusammengesetzt, die zur Frontbewährung abkommandiert waren: Kriminelle – im Sinne der Partei – als Kanonenfutter. In den Kämpfen mit Partisanen erlebte er die Härten des Krieges und von den 157 Mann, die in Krossen in Marsch gesetzt wurden, lebten gegen Jahresende noch sieben.

Durch die verzweifelte Intervention seines Vaters wurde er gerettet. Göring überstellte ihn zum Panzerersatzbataillon des *Panzerregimentes 6* nach Neuruppin. Er kam mit seinem Regiment als Richtschütze bis nach Frankreich und später Italien, wo er Ende August 1943 die Offensive der Alliierten bei Salerno mitmachte und schließlich in amerikanische Gefangenschaft geriet. Nach seiner Entlassung traf er die Familie in Kaden bei Alveslohe/Holstein wieder, wohin sie geflohen war. Liebenberg war endgültig verloren.

Die Liebenberger Herrschaft war kurz vor dem Eintreffen der Roten Armee geflohen, der langsamere Treck der Landarbeiter wurde von den Engländern aufgehalten und zurückgeschickt. Geschunden und von Russen und Polen ausgeplündert, trafen die Arbeiterfamilien wieder in Liebenberg ein, wo die Sowjetarmee die Macht übernommen hatte. Der Zweite Weltkrieg kostete einundzwanzig Liebenbergern das Leben. Libertas und die Mitglieder der Familie Scheu nicht mitgerechnet.

Die Eulenburgs kehrten nach dem Krieg in das zerstörte Hertefeld am Niederrhein „zurück", wo sie unter vielen Mühen einen Neuanfang unternahmen.

Das Dorf

Der Morgen war klar und kühl. Die Sonne stand im Dunst. Auf dem großen, gewellten Acker zum Dorf lag der Tau und hinten standen ein paar Stück Damwild schemenhaft am Waldrand. Die Kraniche trompeteten aufgebracht am Himmel über dem Seehaus. Es würde ein schöner Herbsttag werden.

Die DKB feiert ihr „erstes Lennéparkfest". Gegen Mittag ist der Parkplatz am Schloß mit den Wagen der Besucher vollgestellt. Die Kremser rollen die Allee von den Jägerhäusern zum Schloß heran. Den ganzen Tag werden sie die Gäste kutschieren.

Im Schloßpark begrüßt das weiße Segeltuch der Stände die Besucher. Dahinter die Kulisse der herbstlich verfärbten Parkbäume. Kaiserwetter! An solchen Tagen ließ sich Wilhelm II., der einst auch durch diesen Park ging, bei Paraden feiern. Die Bank hat immer gutes Wetter bei ihren Feiern, und ich habe Glück, hier zu sein.

Später gehe ich zurück zum Seehaus, pflücke Äpfel auf der Streuobstwiese am ehemaligen Tennisplatz und lasse sie mir von einem Fachmann, der im Park einen Stand mit alten Obstsorten hat, bestimmen. *Klarapfel* und *Boskop, Chausseeapfel* und *Ingrid Marie.*

Am Abend, als ich abermals zurückgehe, ist das Fest vorüber, der Ort wieder still. Ich setze mich auf die Schaukel auf dem Spielplatz und betrachte die Dorfstraße, die niedrigen, vernachlässigten Häuser. Liebenberg ist ein Straßendorf, ohne Ortskern. Ein Dorf am Schloß. Die Herrschaft war das Zentrum, dann die Partei. An der Schloßmauer beginnen die Häuser, ziehen sich an der Straße entlang, kleine Häuser, durch die graue Farbe und der Verwahrlosung ihrem Charme beraubt. Hinter den Häusern alte Schuppen, Gestrüpp.

Wo findet das Dorfleben statt, doch nicht nur bei *Rolfs Eckladen,* wo sich immer einige Männer an einem Stehtisch zusammen finden. Im Sommer trifft man sich auf dem Friedhof, schwatzt, diskutiert, das ja, aber sonst? Einmal, als Pfarrer Joachim Rinn verabschiedet wurde, spürte ich ein Dorfleben, eine Gemeinschaft. Die Mitglieder der Kirchengemeinde hatten ihrem Pfarrer eine lange Kaffeetafel aufgebaut und Kuchen gebacken. Ich saß unter den Gästen vor der Feldsteinkirche auf dem Schloßhof und wurde angesteckt von der Heiterkeit der Teilnehmer. Die Liebenberger Kirchengemeinde hat gerade acht Mitglieder, acht, die ihren Glauben auch zu Zeiten des „real existierenden Sozialismus" bewahrten. Pfarrer Rinn erzählte, daß in den anderen Orten der Gegend mehr Einwohner am Gemeindeleben teilhaben, da in diesen Dörfern seit je auch eigenständige Bauern lebten, die Kirche und Tradition in ihre Leben integriert hätten. Aber auch hier überaltert die Mitgliederschaft, verwaisen die Kirchen. Ich versuche mir die Dorfstraße vorzustellen, wie sie früher ausgesehen hat, unbefestigt, sandig. Mir kommt die Geschichte in den Sinn, als im Frühjahr 1933 der Umzug der Kommunistischen Partei durchs Dorf kam. Ein mit Birkenzweigen geschmückter Lastwagen, Schalmeienmusik. Der Wagen machte halt, gegenüber, wo jetzt der Hundezwinger steht und damals Holz gelagert wurde und ein Mann kletterte auf den Holzstoß, hielt eine Rede vor dem zusammengelaufenen Volk. Da erschien Baron Rudolf von Engelhardt, hoch zu Roß, ritt in die Menge, vor den Redner und herrschte ihn an, zu verschwinden. Einige Männer der DKP packten die Zügel und wollten den Baron vom Pferd ziehen, als der Gendarm Lottermoser aus Grüneberg im letzten Moment für Ruhe sorgte.

Eine Dorfepisode, doch wie sah das tagtägliche Leben aus? Natürlich weiß ich, daß zu allen Zeiten das Leben anders ausgesehen hatte im Dorf, doch hakt sich mein Denken immer wieder fest, in die Ära der letzten Fürsten, den Jahren vor dem Zweiten Weltkrieg. Dies scheint eine Zeit gewesen zu sein, die Liebenberg in der jüngeren Geschichte repräsentiert, damals war das Gut, das Schloß in einem Zustand, der eine Schönheit barg, die wohl nie wieder herstellbar sein wird.

Für die Landarbeiter, die auf engstem Raum lebten, auf gestampftem Lehm, und für ein paar Pfennige die Stunde von morgens sechs bis abends sechs arbeiten mußten, war es eine harte Zeit, aber auch eine Zeit, die überschaubar war, eine Zeit, die geregelt schien. Heute dagegen, ist alles im Wandel. Der Arbeitslose, der Sozialhilfeempfänger hier im Ort, versteckt sich hinter seiner altersschwachen Tür und hat Angst vor der Zukunft, neidet den neuen Hausbesitzern ihr Eigentum, fürchtet sich vor dem Spott derjenigen, die Arbeit und Besitz haben. So teilt die neue Zeit die Bewohner in ein paar Gewinner und viele Verlierer, endgültig.

Als der Kolonialwarenhändler Kohn von Falkenthal aus, seine Kutsche durch das Dorf lenkte, das Bestellte ablieferte und mit einem Bleistift anschrieb oder der dicke Fleischer aus Löwenberg, immer eine Zigarre im Mund, den Sonntagsbraten brachte, man sich auf der Straße, am Brunnen traf und die spärlichen Neuigkeiten austauschte, war das eine bessere Zeit? „Erst zu DDR-Zeiten konnten wir uns etwas leisten", heißt es unter den Alten. „Und Arbeit hatte das ganze Dorf, heute nicht mal die Hälfte".

Ich versuche aus den Geschichten der Liebenberger etwas über das Dorfleben früherer Zeit zu erfahren, doch, so scheint es, ist diese Zeit überlagert von dem Leben im Sozialismus. Ich sitze mit Walter Buchholz in der Sauna, im Keller des Seehauses und die Gespräche kreisen um die Vergangenheit. Die Zeit nach 1945 war für Herrn Buchholz die bessere Zeit, in der es aufwärts ging, ein bescheidener Wohlstand einkehrte.

Wenn ich Frau Schramm in der Siedlung, den Bodenreformhäusern, besuche, höre ich aus ihrer Zurückhaltung ein hartes, kleinbäuerliches Leben heraus. Sie, die als junges Mädchen bei der Fürstin Mutter arbeitete, scheint die alte Vorkriegszeit, die Zeit der Fürsten, als die Bessere zu verstehen.

Trudchen Schramm und Walter Buchholz sind die ältesten Liebenberger. Für meine *Liebenberger Blätter,* eine kleine Heftreihe, die ich während meiner Zeit herausbrachte, habe ich sie interviewt. Es sind zwei Porträts entstanden, die den einfachen Menschen zeigen, der die Geschichte mitgetragen hat.

Interview mit Gertrud Schramm

„Mein Name ist Gertrud Schramm. Aber die Leute nennen mich Trudchen. Ich wurde am 13. Januar 1921 in Liebenberg geboren. Ich ging in Liebenberg in die Schule. Damals war es noch eine Acht-Klassen-Schule. Nach der Schule, so ab fünfzehn, arbeitete ich im Schloß. Erst als Zimmermädchen, dann direkt bei der Fürstin Mutter. Die Fürstin Mutter hatte ja ihren eigenen Hausstand. Sie wohnte mit Gräfin Thora über der *Nordischen Halle*. Der Fürst, Philipp von Eulenburg, starb, glaube ich, 1921, also in meinem Geburtsjahr. Augusta, die Fürstin Mutter starb 1942. Sie kam eigentlich aus Schweden, man hörte es aber nicht, so gut sprach sie Deutsch. Gräfin Thora war die Mutter von Libertas. Sie spielte in der Kapelle Harmonium und in ihrem Zimmer stand ein Flügel. Libertas kam oft zu Besuch. Sie war sehr nett zu uns und aufgeschlossen. Ihr Mann, Harro Schulze-Boysen, war eher verschlossen. Er war auch nett und höflich, aber, wie soll ich sagen, mehr ein Einzelgänger. Überhaupt, auf die Fürstin Mutter und die Gräfin Thora und den Grafen Friedrich Wend laß ich nichts kommen. Der Baron Engelhard hat mich einmal gefragt, wie seine Großmutter war, ganz ehrlich sollte ich antworten, da habe ich ihm gesagt, daß die Angestellten lieber einen weiten Bogen um sie gemacht haben.

Mein Arbeitstag begann gegen acht Uhr. Ich mußte saubermachen und frisches Wasser holen. Die Fürstin Mutter und die Gräfin Thora hatten kein fließendes Wasser. Im Schloß gab es natürlich schon fließendes Wasser, aber in den Räumen über der *Nordischen Halle* nicht. Dann mußte ich tun, was so anfiel, bis etwa acht Uhr abends noch etwas gesäubert wurde und der Tag vorbei war. Monatlich bekam ich dreißig Mark, wovon fünf Mark für die Versicherung abgezogen wurden. Die Fürstin Mutter bezahlte fünf und mir wurden fünf abgezogen.

Bis Ende 1941 arbeitete ich im Schloß, dann heiratete ich meinen Mann Erwin. Der war auch ein Liebenberger und arbeitete bei Graf Wend als Traktorist auf dem Gut. Wir gründeten unseren eigenen Hausstand und wohnten dann im Ort. 1941 kam meine älteste Tochter, 1948 die zweite auf die Welt. Ich arbeitete nur noch in der Saison, im Sommer. Verdient haben wir damals wenig, aber es gab ja noch das Deputat und Holz. Und mietfrei wohnten wir auch. Im Dorf gab es überall Pumpen, wo man das Wasser holen mußte. Schön waren immer die Erntedankfeste, da ging es hoch her.

1945 wurden wir evakuiert. In einem großen Treck ging es Richtung Schleswig-Holstein, wo die Herrschaft hin ist. Doch der Amerikaner schickte uns zurück und übergab uns dem Russen. Der Amerikaner hat uns nichts weggenommen, aber der Russe. Es war fast ein Wunder, daß überhaupt noch ein paar Wagen zurückgekommen sind. Die Männer haben sie auch mitgenommen, die meisten kamen zwei, drei Tage später zurück. Mein Mann war damals verletzt und lag bei Gransee. Es war ein ganzes Feld voller Soldaten und ich bin hin, um ihn zu suchen. Die Männer riefen, daß ich zu ihnen kommen solle, ich bin aber weiter, bis ich einen deutschen Offizier traf. Der sagte, wie wollen se denn ihren Mann hier finden? Und ich sagte ihm, daß er dem Verletzten-Batallion unterstellt ist. Dann schickte er mich über das ganze Feld bis ich eine Rot-Kreuz-Fahne sah. Da bin ich hin und da rief schon Einer: He, Erwin deine Frau ist da! So haben wir uns wieder gefunden. Er zog dann Zivil an und wir sind zurück nach Liebenberg. Der Russe hat ihn dann noch kontrolliert, ob er ein Soldat ist, aber ich hatte ihm Führerschein und so mitgebracht und da haben sie uns passieren lassen.

Es wurde dann ja alles geplündert, aber hauptsächlich von Polen, keine Soldaten, sondern Zivilisten, die mit dem Russen kamen. Dann brannte auch der Schloßriegel nieder mit der *Nordischen Halle* und dem Archiv und dem Verwalterhaus. Mein Mann hat geholfen die Leichen rauszutragen. Die Kinder waren ja nicht alle verbrannt, lagen in ihren Betten mit durchgeschnittenen Kehlen, andere waren ganz verkohlt. Die Frau hatte auch eine durchgeschnittene Kehle und war vergewaltigt worden, sagte mein Mann. Aber eine große Leiche fehlte. Ich glaube nicht, daß der Verwalter Scheu das selbst gemacht hat, das kann ich mir nicht vorstellen. Aber wer das war, weiß ich auch nicht. Der Verwalter war nicht unbeliebt. Na gut, er setzte sich durch, das mußte er ja auch, aber direkt unbeliebt war er nicht. 1949 zogen wir in unser Haus hier in die Siedlung und da wohne ich immer noch. Zwischendurch wohnten wir unten in den Fichten. Wir bekamen das Land und den Bauplatz durch die Bodenreform, aber bezahlen mußten wir alles selbst. Es ist noch gar nicht lange her, da habe ich die letzte Rate für das Haus bezahlt. Es sieht ja noch aus wie früher, müßte mal was gemacht werden. Aber ich mache nichts mehr daran, das können meine Kinder nach meinem Tod machen. Anfangs hatten wir eine Kuh und ein paar Gänse und ein Schwein, dann später zwei Pferde, immer vier bis fünf Kühe und fünfzehn bis zwanzig Schweine, auch Hühner und Gänse. Wir bekamen ja kein Deputat mehr, aber die Schweine wurden zu einem Festpreis von der LPG abgenommen. Ab 1946 waren wir LPG Typ 1, da hatte jeder noch seine eigenen Tiere, nur das Land wurde gemeinsam bearbeitet. Später Typ 3 LPG, da hatte man auch keine Tiere mehr, die hatte alle die LPG geholt. Ein paar Schweine hatte man noch und Hühner. Die anderen Tiere brauchte man ja nicht mehr. Mein Mann war dann wieder Traktorist bei der LPG, 1968–1969. Dann wurde er pensioniert.

Als dann die Wende kam, wurde das Geld 1:2 getauscht, das war bitter. Schließlich hatten wir jede Mark schwer verdient. Sonst habe ich von der Wende nicht viel mitgekriegt. Ist man erst mal in meinem Alter, interessiert einen das alles nicht mehr so. Vom Dorfleben bekomme ich hier draußen auch nicht viel mit. Ich habe zwei Kinder, Enkel und vier Urenkel. Allein die Geburtstage halten mich auf Trab, das reicht mir, da brauche ich gar nichts anderes mehr. Zum Einkaufen holt mich mein Enkel oder ich fahre bei einem Nachbarn mit, das klappt ganz gut. Ich habe meinen Garten, das ist viel Arbeit, macht aber auch Freude. So ist das schon gut."

Interview mit Walter Buchholz

„Ich bin am 11. September 1922 in Liebenberg geboren. Meine Großeltern kamen aus Posen und Wóchsholländer, das war damals ja alles noch deutsch. Sie waren Schnitter. Damals kamen immer Schnitterpärchen. Der Mann mähte mit der Sense und die Frau band die Garben. Sie blieben dann in Liebenberg. Sie hatten sieben Kinder. Eins war meine Mutter Frieda, die ging hier zur Schule. Mein Vater war auch als Junge mit seinen Eltern gekommen, noch vor der Jahrhundertwende. Sie wohnten Tür an Tür mit meinen Großeltern mütterlicherseits in der Dorfstraße. Meine Eltern zogen nach der Heirat in die ehemalige Ziegelei, dann ins Dorf, wo die dicke Linde steht. Sie hatten zwei Kinder. Meine ältere Schwester ist gestorben.

Als meine Mutter starb, heiratete mein Vater noch einmal, daher stammt meine Schwester Ursula, die heute in Australien lebt. Sie ging 1955 in die Alt-BRD und von da nach Australien. Sie arbeitete im Krieg als Dienstmädchen in Berlin und hatte da Kontakt zu Libertas Schulze-Boysen, wo sie zweimal die Woche saubermachte. Als Libertas in Plötzensee war, besuchte sie ihre Mutter und nahm meine Schwester mit. Der Wachmann schickte sie aber wieder heim, da sie bereits hingerichtet war.

Von der ersten bis zur achten Klasse ging ich in Liebenberg in die Schule. Danach war ich Landarbeiter beim Fürsten. Eulenburg war natürlich daran interessiert, daß er genug Arbeiter hatte und war froh, wenn man nicht weiter auf die Schule ging. Da die meisten im Dorf blieben, war auch das halbe Dorf miteinander verwandt. Bis zum vierzehnten Lebensjahr schliefen wir alle in einem Raum, dann baute mir mein Vater eine Kammer aus, wo normalerweise die Schlachtwaren und die Schmalztöpfe aufbewahrt wurden, so war das früher.

Von 1937 bis 1941 war ich Landarbeiter, dann als mein Vater aus dem Krieg kam, bin ich eingezogen worden. Ich war bei der bespannten Artillerie. Funker. Sechs Pferde zogen die Lafette und sechs das Geschützrohr. 1943 bekam ich Fleckfieber und wurde nach Oról, südlich von Moskau, ins Lazarett eingeliefert. Über Warschau ging es dann nach zwei Wochen nach Herborn im Hessischen. Nach meiner Wiederherstellung kam ich zurück zu meiner Truppe und geriet bei Iasi 1944 in Gefangenschaft. Wegen einer Malariaerkrankung kam ich in Tibilisi am Schwarzen Meer in´s Lazarett. Vor dem Fenster blühten die Zitronenbäume. Später auf einem Transport blieb der Zug stehen und ein russischer Offizier rief, daß alle Gesunden aussteigen sollen, sie würden in ein Arbeitslager kommen. Die Kranken sollten im Zug bleiben. Natürlich vermuteten wir das Schlimmste und ich stieg mit aus. Draußen brach ich dann zusammen, ich hatte ja noch immer hohes Fieber, und wurde wieder in den Waggon gesteckt. Zu unserer Freude fuhr der Zug nach Westen und wir kamen frei. Das war 1945. Ich bin dann zurück nach Liebenberg, wo ich als Traktorist im Schulgut unter dem Betriebsleiter Freihoff arbeitete. Es war eine gute Zeit für Liebenberg, vielleicht die Beste. Tag für Tag ging es aufwärts. Günther Freihoff ließ Kohl und Peluschen anbauen, die wir in Berlin gegen Ersatzteile eintauschten. Er organisierte Pferde für die Landarbeit und begann eine Rennpferdzucht aufzubauen. Die Pferde liefen in Hoppegarden. Es war das erste Mal, wo wir uns etwas leisten konnten und rauschende Feste feierten, war da was los! Ich blieb bis 1953 in Liebenberg und ging dann nach Gransee zur Polizei. Von 1963 bis zur Rente war ich dann in Rathenow. Meine Frau lernte ich 1951 kennen. Sie leitete den ersten Kindergarten nach dem Krieg in Liebenberg, anfangs im Schloß, da wo heute die Gaststätte ist. 1952 haben wir dann geheiratet. Wir haben eine Tochter und zwei Enkelkinder, die aber alle nicht hier leben, doch haben wir engen Kontakt.

Nach der Rente wollten wir zurück nach Liebenberg, doch bekamen keine Wohnung. In der DDR war das nicht so einfach. Wohnungen waren Mangelware. 1994 kamen wir dann wieder und wohnen seitdem im Seehaus Nr. 2, dem ehemaligen Kutscherhaus des Seehauses. Naja, so war das Leben und so ist das Leben."

Vom Dritten Reich zum
Arbeiter- und Bauernstaat

Seit Ende 1944 mehrten sich die Flüchtlingstrecks aus östlicher Richtung. In Liebenberg waren ausgebombte Familien aus Berlin in den *Jägerhäusern* und bei Dorfbewohnern untergebracht. Das Ende schien unaufhaltsam. Der Exodus wurde geplant. Anfang 1945 treckten Teile der Gutsherrenfamilie nach Holstein. Der Fürst und seine Frau wollten bis zum Ende ausharren. In der Schreinerei wurden Wagen für die Flucht umgebaut und Kunstgegenstände, wie wertvolle Bilder und Teile der ostasiatischen Sammlung zu Verwandten geschickt. Zum Frühjahr kamen immer mehr Flüchtlinge.

Mitte April, seit Tagen flogen Bomberverbände über Liebenberg nach Berlin und der Schlachtenlärm Richtung Oder war bereits hörbar, entschloss sich die Herrschaft schweren Herzens die Heimat zu verlassen und sich einer durchziehenden Kompanie anzuschließen. In Löwenberg kreuzten sie den Zug der abgemagerten Gefangenen aus dem KZ in Sachsenhausen, den sogenannten *Todeszug*. In den Straßengräben lagen Häftlinge, die das vorgegebene Tempo nicht mithalten konnten und von den SS-Leuten erschossen worden waren. Die Herrschaft erreichte ungehindert Holstein. Der langsamere Treck der Liebenberger Angestellten und Arbeiter sollte nachfolgen. Kühe und Schafe wurden mitgetrieben und auf Ochsengespannen waren die polnischen Familien aus der Schnitterkaserne untergebracht. In der Höhe Schwerins war nächtlicher Kampflärm zu hören, Tote lagen an den Straßen. Bei Goldenstedt stoppten die Engländer den Zug. Die Fremdarbeiter wurden entlassen. Inspektor Scheu verhandelte mit den Engländern, um Geleit zu bekommen, doch der Treck wurde zurückgeschickt. Bei Schwerin kamen die Liebenberger in die Hände russischer Einheiten, die sich für die Kriegsleiden revanchierten. Unterwegs fanden dann Überfälle polnischer Banden statt, bis Liebenberg erreicht wurde. Schwericke, der im Ort geblieben war berichtete von den Plünderungen, kein Haus war verschont geblieben, das Schloß verwüstet. Täglich zogen russische Einheiten durch, auch Zivilisten mit Viehherden. Im Hauptflügel des Schlosses richtete sich eine Einheit der Roten Armee ein. Hans Scheu, Eulenburgs Inspektor, wurde wieder eingesetzt. Hausangestellte wurden verhört, man wollte versteckte Schätze ausfindig machen. Im Schloßturm wurden fünf Personen interniert. Darunter die Sekretärin der Fürstin, der Diener, Herr Löchert, der Obergärtner Voigt. Tagelang waren sie in einem Raum festgesetzt, wo sie ihr Essen bekamen und ihre Notdurft verrichten mußten. Beim Umgraben fanden Frauen versteckstes Silberbesteck in der Gärtnerei, bevor es entdeckt wurde, hatten sie es wieder vergraben. In der ganzen Gegend transportierten Rotarmisten Männer ab, denen eine Zusammenarbeit mit den Nazis nachgewiesen werden konnte, die zuvor beim Militär oder sonstwie verdächtig waren. Das KZ Sachsenhausen wurde in ein Internierungslager für deutsche Kriegsgefangene umgewandelt.

„Dann kam die schreckliche Nacht Anfang Juli", erzählt Erika Kerber, die damals zwölfjährige Tochter des Försters, „ich schlief schon, meine Mutter weckte mich in der Nacht. Steht auf, zieht euch an, das Schloß brennt! Kurze Zeit später hieß es, Scheus Haus brennt, alle sind tot! Wir waren ganz still! Alle tot, mit denen wir am Tage noch spielten, meine Freundin Rita und alle ihre fünf Geschwister. Wir liefen raus in den Park. Es loderten die Flammen, und mitten auf der Rasenfläche vor der Terrasse saßen die fünf Personen, die eingesperrt waren und mußten sich das Feuer aus nächster Nähe ansehen. Schaurig! Es ging die Parole, wenn der Hauptflügel abbrennt, werden alle Dorfbewohner an die Wand gestellt! Die Russen waren der Ansicht, das haben die Neider gemacht, weil es den Scheus verhältnismäßig gut ging, denn Herr Scheu war auf dem Hof wieder eingespannt. Die Deutschen meinten: Das waren die Russen! Jedenfalls lief und hastete alles. Keine Feuerwehr! Man hatte irgendwo eine alte Spritze in einem Schuppen und die wurde bedient. Wasser holte man aus den Parkteichen und große und kleine Leute schleppten Eimer mit Wasser. Die *Nordische Halle* konnte man nicht retten, aber am Hauptflügel war das Feuer gelöscht.

Nun gingen die Untersuchungen los und die Gerüchte. Man meinte sogar, daß Herr Scheu selbst das Feuer gelegt haben könnte. Seine Leiche fand man im Archiv, darüber war sein Arbeitszimmer. Türen, Fensterladen trotz Sommerhitze alles verrammelt. Mit Mühe kamen Hilfskräfte in den Schlafraum. Frau und Baby konnten tot geborgen werden, aber an die Kinderleichen kamen die Helfer wegen den Flammen nicht mehr, sie verbrannten zur Unkenntlichkeit. Für uns Kinder war das damals ein ganz schlimmes Ereignis."

Wend Graf zu Eulenburg schreibt dazu: „Eines Nachts im Juli 1945 soll nach Angaben von zuverlässigen Zeugen wieder eine Gruppe von Russen auf den Schloßhof gekommen sein und in die Wohnung von Scheu eingedrungen sein, wo er, seine bildhübsche Frau und sechs Kinder wohnten. Was dann geschah, kann man aufgrund der am Morgen Feueralarm gebenden Wache nur vermuten. Jedenfalls stand im Morgengrauen das gesamte Dach der Wohnung von Scheu in hellen Flammen, die sofort auf die dahinterliegende, zum Teil in Holzfachwerk gebaute Spiritusbrennerei und den Einfahrtsturm des Schlosses übergegriffen hatten. Den in die Scheu-Wohnung eindringenden Feuerwehrmännern bot sich hier ein Bild des Grauens. Im Flur lag Herr Scheu mit zertrümmertem Schädel. In den oberen Räumen lagen zwischen der total zerstörten Einrichtung Frau Scheu, die Töchter und der kleine Sohn mit durchschnittener Kehle in ihrem Blut." Die russische Kommandantur setzte eine Untersuchungskommission ein, doch der Fall wurde nie geklärt.

Die zerstörten Gebäude wurden abgetragen, die Steine fanden für den Hausbau Wiederverwendung. Durch das Unglück hatte sich das Bild des Schloßhofes stark gewandelt. Der gesamte Querriegel fehlte nun und der Schloßhof verlor seine Geschlossenheit. Bei dem Brand ging auch das gesamte Archiv in Flammen auf, mitsamt der politischen Korrespondenz Philipps, die im Geheimarchiv der Fürstin Mutter lagerte.

Kriegsgefangene kehrten zurück, Flüchtlinge trafen ein, Häuser wurden instand gesetzt und die letzten Reste des Brandes beseitigt. Am 6. September 1945 wurde aufgrund der *Verordnung zur Durchführung der Bodenreform* Liebenberg enteignet, „entsprechend den Forderungen der werktätigen Bauern nach einer gerechten Bodenverteilung und Liquidierung des feudalen und junkerlichen Grundbesitzes sowie zum Zwecke der Landzuteilung an landlose und landarme Bauern und Landarbeiter, darunter auch an diejenigen deutschen Bauern, die aus anderen Staaten umsiedelten." (Präampel der Verordnung über die Bodenreform in der Provinz Mark Brandenburg „Junkerland in Bauerhand")

Im gleichen Monat kam Otto Warburg von Nonneviz zurück und mußte feststellen, daß sein Laborinventar aus dem Seehaus abtransportiert worden war. Der Oberkommandierende der sowjetischen Besatzungsmacht, General Shukow, entschuldigte sich persönlich und bot ihm eine finanzielle Entschädigung an, die Warburg aber ablehnte. Er ging und kam nicht mehr nach Liebenberg (siehe Kapitel „Otto Warburg – ein Labor im Seehaus" auf Seite 55).

Doch die Sowjetische Besatzungsmacht hatte andere Pläne: Liebenberg sollte ungeteilt als Saatzucht-Betrieb verpachtet werden. Noch im Mai 1946 änderte man den Befehl ab. Liebenberg wurde der *Sozialistischen Einheitspartei Deutschlands* (SED) für die Parteihochschule *Karl-Marx* in Liebenwalde übergeben, um die Versorgung der Schule mit landwirtschaftlichen Produkten sicherzustellen (siehe Anhang Seite 133). Verantwortlich zeichnete der Genosse Kassten, Freihoff wurde als Gutsdirektor bestellt.

Im Dezember 1946 verpachtete die Provinzialverwaltung Mark Brandenburg das Gut an die *Fundament-Gesellschaft für Grundbesitz m.b.H.,* mit dem Ziel der „Vermehrung und Erzeugung hochwertigen Saatgutes".

Auf einer Sitzung des Zentralsekretariates im März 1947 beschlossen Ulbricht und Genossen, Kassten einen zweiten Mann zur Seite zu stellen. Genosse Köppke entschied von nun an über die Verwendung der vom Gut an die Schule gelieferten Lebensmittel. Für den Ausbau des Gutes wurden 500 000 Reichsmark bewilligt. 1949 wurde das Gut Liebenberg dem Volkseigentum überschrieben, Rechtsträger: die *Fundament GmbH* (siehe Anhang Seite 135).

Einige der ehemaligen Landarbeiter bekamen jedoch Land zugewiesen. Richtung Grüneberg entstand die „Siedlung". In einer Reihe, die Straße entlang, die kleinen Siedlungshäuser, dahinter ein langer schmaler Streifen Land und anschließend ein Stück Wald. Frau Trudchen Schramm erzählt (siehe dazu auch das Interview auf Seite 69), wie sie 1949 in das Siedlungshaus zog und die Wandlung der LPG-Typen erlebte. 1972 wurde der Schulbetrieb aufgrund der Berufs-schulreform eingestellt. Der Schwerpunkt legte sich nun auf die Schaf- und Schweinezucht. Ab 1985 gehörte das Gut der *Vereinigung Volkseigener Betriebe Tierzucht Paretz*. Nachfolger wurde im Mai 1990 die *Reittouristik und Tourismus GmbH,* eine Schöpfung der PDS, die Parteivermögen der SED in die Nachwendezeit hinüberretten woll-te.

Das Schloß selbst, das man nach Kriegsende sprengen wollte, wurde als Gutsverwaltung genutzt, außerdem waren hier der Kindergarten, die Ausbildungsstätte für die Lehrlinge, ein Wohnheim und die Kan-tine untergebracht. Die Schloßkapelle nutzten die Genossen für Lei-tungsfeiern. Die Zerstörung verhinderte noch Betriebsleiter Günther Freihoff, der ab 1946 das Gut führte. Freihoff war beliebt bei den Lie-benbergern. Er schaffte es, das heruntergekommene Gut wieder auf-zubauen. Gegen Getreide und Bohnen wurden Maschinenteile auf dem Schwarzmarkt in Berlin getauscht, Pferde angeschafft und die Ruinen der Brennerei vom Wirtschaftshof geräumt. Seinen Schwung übertrug er auf die Liebenberger, und die Frauen, verheiratet oder ledig, wußten Geschichten von seinem Elan zu erzählen. Als der Buchhalter mit der Gutskasse 1952 in den Westen floh, entfernte „die Partei" Freihoff, der für das fehlende Geld verantwortlich gemacht wurde.

Doch der Erhalt des Schlosses ist diesem Mann zu verdanken. Als die russischen Besatzer das Bauwerk sprengen wollten, ließ er kurzer-hand die Fenster im Parterre zumauern und gab an, das Gebäude als Getreidespeicher zu benötigen. Nicht viele Schlößer und Landsitze in Brandenburg hatten dieses Glück. Viele wurden gesprengt, abge-rissen oder verwahrlosten. Über das Fehlen der Adelssitze und das der Menschen, die die Mark geprägt hatten, sinniert Wolf Jobst Sied-ler in seinem Buch *Abschied von Preußen:* „Aus dem Land getrieben oder geflohen sind die Menschen, die ihm einst seine unverwech-selbare Farbe gaben. Zuerst gingen die Juden, die nicht nur in der fernen Residenz, sondern auch hier in den Ackerbürgerstädten ver-trieben wurden, und denen man, von den Mendelssohns über die Ephraims bis zu den Rathenaus, viel verdankte. Dann, als die Rote Armee das Land besetzte, ging der Adel, und die alten Herrensitze – der der Marwitz in Friedersdorf wie der der Finkensteins in Reitwein – wurden oft erst zehn, ja 20 Jahre nach dem Kriege abgerissen. Für die deutschen Kommunisten waren die meist überaus bescheidenen Gutshäuser Zwingburgen der Junker, wie Wilhelm Pieck, der erste und einzige Präsident des Arbeiter- und Bauernstaates, in einer Rede sagte.

Schließlich gingen auch die Bürger der märkischen Kleinstädte, aus denen sich Berlin jahrhundertelang gespeist hatte. Anders als Frankreich hatte Preußen seine Kraft ja nicht aus der Hauptstadt, sondern aus dem flachen Land gezogen. (…) Ganz zum Schluß verließen auch die Bauern ihr Land und flohen zu Hunderttausenden in den Westen, als man ihnen von Bauernbefreiung sprach und sie in Agrarkommunen zusammenfaßte."

Es ist wohl wahr, daß viel zerstört und mehr noch dem Verfall preisgegeben wurde. Doch manchmal ließen es sich die neuen Herren in den angeblichen „Zwingburgen der Junker", in den verhaßten Hallen der feudalistischen Macht, recht gut gehen. So wurde das herrschaftliche Seehaus bereits kurz nach Kriegsende aus dem Gutskomplex ausgesondert (1946) und zu einem Erholungsheim für das Zentralsekretariat umfunktioniert und unter die Kontrolle von Kassten gestellt (siehe Kapitel „Ein Haus am See" auf Seite 91).

Das Schulgut, das sowohl Vieh- wie auch Pflanzenproduktion betrieb – was in der DDR sehr selten war, normalerweise waren die Bereiche getrennt – war ein Vorzeigebetrieb. Die Menschen der umliegenden Orte und Betriebe sahen voller Neid auf Liebenberg, da hier immer die neuesten Maschinen zum Einsatz kamen und die Angestellten bevorzugt behandelt wurden. Der ehemalige Sicherheitsinspektor und Nachwendehausmeister Jürgen Müller erzählte, daß hier niemand „zehn Jahre auf seinen Trabbi warten mußte", außerdem hätte „jeder als Deputat ein paar Schweine gekriegt und das Futter dazu. Die Tiere wurden zum Festpreis abgenommen, was zusammen ein paar Monatsgehälter ausmachte".

Der vorletzte Betriebsleiter, Klaus Miera, der wegen einem eigenhändig aufgenommenen Betriebskredit abgesetzt wurde, berichtete, daß das Schulgut immer ein Zuschußbetrieb war und ohne die Unterstützung durch das *Erholungsheim Seehaus* nicht hätte existieren können. Das Dorf hatte Arbeit, sagen die Liebenberger und die Arbeit stand im Vordergrund. So wurden Bäume gerodet im Park und der Rasen in einen Kartoffelacker umgewandelt. Auf dem Parkteich züchtete man Gänse und die Spuren der adeligen Vorbesitzer wurden weitgehend getilgt. 1954 fielen die bronzenen Hirschfiguren auf dem Tor Richtung Liebenwalde einer Schrottaktion zum Opfer, auch die Wächterfiguren auf dem nördlichen *Knappentor* ereilte das gleiche Schicksal. Die Kirche wurde dem Verfall überlassen, und das Schloßgebäude erhielt nach dem Entfernen von Ornamentik und Ziertürmchen, einen weit sichtbaren Schornstein, dessen Abriß den neuen Besitzern nach der Wende oblag.

Erika Kerber, geborene Krantz, deren Vater unter dem letzten Fürsten in der Tierfarm arbeitete, erinnert sich an Besuche, die sie Liebenberg zu Zeiten des Schulgutes abstattete (sie ging 1955 nach Westdeutschland): „Dann kam ich erst 1975 wieder und war sehr erschüttert. Das Dorf war nicht mehr zu erkennen. Im Park wurde Heu gemäht, die Auffahrt vom Gärtnerhaus zum Schloßhof total verwahrlost. Zum Schloßhof war das Tor zu, man konnte nicht mehr durch. Auf der anderen Einfahrtsseite stand ein Wachhäuschen, die Fuhrwerke mußten alle durch eine künstliche Fahrrinne, die mit Desinfektionsmittel gefüllt war. Die Bewohner ließen sich kaum noch ansprechen, nun erkannte ich auch niemanden mehr. Irgendwie war alles ganz erschütternd. Wir waren aber noch einmal da, 1986. Jetzt war das Gärtnerhaus abgerissen und ein Neubau hochgezogen, die schöne Gastwirtschaft war schon abgestützt, wurde nicht mehr für Zusammenkünfte genutzt.

Wir stellten unseren Wagen an der Straße ab, ich zeigte meiner Familie das Dorf. Schule jetzt Kindergarten, die Badestelle am See auf der anderen Seite, die Wäscherei gab es ja lange nicht mehr. Ein Gang über den Friedhof, bekannte Namen sah ich. Es ist mir alles fremd geworden.

Nach der Wende fuhr ich natürlich wieder hin, suchte und fand alte Bekannte, es ist aber eben nicht mehr das Liebenberg der alten Zeit."

Alfred Neumann – der lange Mann aus dem ZK

Bis zur Wende 1989 nutzte Alfred Neumann, ein Mitglied des *Zentral-kommitees* der SED, das *Erholungsheim Seehaus* wie sein eigenes Wochenenddomizil. Wer das Haus noch vor dem Beginn des gro-ßen Umbaus im April 2000 besuchen konnte, der erblickte unwei-gerlich die Fülle der jagdlichen Trophäen in der Eingangshalle. Auf den Rückseiten der Holzbretter, auf denen Hirschgeweihe und Reh-gehörne aufgeschraubt waren, konnte man stets die Floskel „Erle-ger: Alfred Neumann" entdecken.

Der „Poltergeist im *Politbüro*", wie ihn sein Biograf Siegfried Prokop nannte, wurde 1909 in Berlin geboren. Schon während der Schul-zeit war er ein begeisterter Sportler, der es als Leichtathlet trotz sei-ner Körpergröße, bis zur Vorbereitungsmannschaft für die Olympi-schen Spiele 1936 brachte. Im Zehnkampf galt er als einer der Medaillenanwärter. Nach der Schule ging er – wie Ulbricht – als Tisch-ler in die Lehre. Familienbedingt interessierte er sich früh für die kommunistische Bewegung und trat als Zwanzigjähriger der KPD bei. Als Sportler konnte er auch nach der Machtübernahme durch die Nazis in das Ausland reisen und nutzte dies zur illegalen Arbeit für die KPD. 1934 emigrierte er via Dänemark in die Sowjetunion, wo er in Moskau als Sportlehrer arbeitete. Im Zuge der Stalinistischen Säuberungen wurde Neumann 1937 von seinen Genossen nach Deutschland ausgewiesen, wo ihn das KZ erwartete.

Er konnte nach Spanien fliehen, wo er gegen Franco kämpfte und verwundet wurde. Nach Francos Sieg floh er nach Frankreich. Hier wurde er interniert und 1941 der Gestapo übergeben. Bis zum Fe-bruar 1945 saß er im Zuchthaus und kam dann zur „Frontbewährung" in das SS-Strafbataillon Dirlewanger. Bei der ersten Gelegenheit lief er zur Roten Armee über, kam dort aber in Kriegsgefangenschaft.

Er überlebte verschiedene Lager in Deutschland und Rußland und kam 1948 frei. Zurück in Berlin engagierte er sich trotz seiner Erfahrungen wieder in der Politik und wurde kurz darauf SED-Kreisvorsitzender in Neukölln. Es folgte eine Verhaftung wegen „Verstoßes gegen das Kontrollratsverbotes", da er eine ihm verhaßte schwarzrot-goldene Fahne im Parteibüro von der Wand gerissen hatte. Ein amerikanisches Gericht setzte ihn gegen Kaution wieder auf freien Fuß.

Seine aufsehenerregendste Aktion hatte wieder mit der Deutschlandfahne zu tun: 1959 nahm er die Insignien der DDR, Hammer, Zirkel und Ährenkranz, und heftete sie auf die schwarz-rot-goldene Fahne: Das Banner der DDR war geboren.

Zunächst wies sich der neugegründete Staat nur mit dem Zeichen des Hammers im Ährenkranz aus, 1949 fertigte Fritz Behrendt, ein holländischer Vorkriegsemigrant einen Entwurf, der 1955 fast identisch übernommen wurde. Ein halbes Jahr nach Einreichen seines Vorschlages wurde Behrendt als „Titoist" gebrandmarkt und inhaftiert und später nach Holland ausgewiesen.

Doch zurück zu Alfred Neumann. Als Hardliner, der eisern Ulbrichts harten Kurs gegen innerparteiliche Kritiker forderte, saß er ab 1954 im *Zentralkomitee* der SED, ab 1958 im *Politbüro* (das *Politbüro* war das vom *Zentralkomitee* der SED gewählte Organ zur politischen Leitung der Arbeit der Partei. Es beschäftigte sich mit allen Grundsatzfragen der Parteiarbeit, der Staatsführung, der Volkswirtschaft und der Kultur). Er wurde als Ulbrichts Nachfolger gehandelt, doch Honecker durchkreuzte Ulbrichts Pläne. Nach der Entmachtung Ulbrichts durch Honecker blieb Neumann geduldetes Mitglied des *Politbüros*.

Für Neumann konnte man nur die Linie der Partei verfolgen, wie er sie verstand. Politische Kabalen durchschaute er selten und waren seinem Weltbild fremd. Er ging lieber mit dem Kopf durch die Wand, auch wenn sich der Kopf hinterher als weicheres Material entpuppte. Er unterstrich gerne seine Herkunft und bemühte sich redlich, doch oft unzulänglich große politische Hintergrundmuster in der Politik zu verstehen. Anfangs lehnte er jeglichen Luxus, wie auch einen Personenkult ab. Für den Konsum-Sozialismus eines Honeckers hatte er nur Spott und Verachtung. Individuelle Freiheitsbedürfnisse waren für Neumann nichts weiter als parteifeindliche Charakterlosigkeiten. Sein Leben vom Zehnkämpfer zum Klassenkämpfer, vom Soldaten und Inhaftierten, erbrachte ihm den Beinamen „der alte Kämpfer", seine Körpergröße von beinahe zwei Metern den Namen „der lange Neumann". Die Unterstützung Honeckers durch Breschnjew bei dem Sturz Ulbrichts, ließ Neumann von Moskau abrücken. In den achtziger Jahren des zwanzigsten Jahrhunderts führte er nur noch ein Randdasein im *Politbüro* und widmete sich zunehmend seiner großen Leidenschaft, der Jagd. Im Alter rückte er von seinen asketischen Maximen ab und generierte sich immer stärker wie die früheren Feudalherren. Das Seehaus in Liebenberg betrachtete er als sein privates Jagdschloß und hängte die Eingangshalle voll von seinen in den Staatsjagdgebieten der DDR erlegten Trophäen.

Nach der Wende stellte er sich als Angehöriger des *Nationalen Verteidigungsrates* der Anklage beim Mauerschützenprozeß, wurde aber wegen seines hohen Alters von der Anklage ausgeschlossen. Empört versuchte er seine Verhandlungsfähigkeit zu beweisen. Lieber angeklagt, als zum alten Eisen gerechnet werden. Im Januar 2001 verstarb Alfred Neumann im Alter von 91 Jahren. Auf seine eingelagerten Trophäen legt sich der Staub.

Wir sind das Volk

Gegen Mittag des 30. Dezember 1989 versammelten sich warm ein-
gepackte Menschen an der offiziellen Badestelle der Großen Lanke.
Viele kannten sich, sie kamen aus der Umgebung, aus Löwenberg,
aus Grüneberg. Andere wurden hier noch nie gesehen. Trabis und
Wartburgs aus dem Kreis, ein paar Westautos aus Berlin standen auf
dem Parkplatz an der Straße. Es waren über hundert Personen als
der Zug sich in Richtung Seehaus, das am anderen Ufer liegt, in Bewegung setzte. Transparente wurden hochgehalten: Wir sind das Volk!
Einige stimmten ein Kinderlied an. „Auch die Vögel der Luft und
die Fische im See sind die Heimat. (…)"
An der Spitze des Zuges marschierten die Angler des örtlichen Ver-
eines und gaben die Geschwindigkeit an. Freies Angeln für freie
Bürger. Das Seehaus, in dem das *Erholungsheim des Zentralkomitees*
untergebracht war, rückte näher. Der Zug kam ungehindert auf das
ehemals von fünfundzwanzig Polizisten bewachte Gelände. Vor wenigen Tagen erst waren die Volkspolizisten – aufgrund eines Fernschreibens vom stellvertretenden Stabschefs der BDVP Potsdam
über die sofortige Auflösung des Betriebsschutzes – nach Hause gegangen, um nicht wiederzukommen (siehe Anhang Seite 137). Die
Demonstration endete vor dem Seehaus. Kundgebung. Stimmen
wurden laut, die zur Stürmung des Hauses aufforderten. Als die
Stimmung umzukippen drohte, stellte sich der Grüneberger Pfarrer
mit einigen anderen schützend vor die Tür und erwirkte bei der
Heimleitung den Einlaß einer Abordnung der Demonstranten. Diese
kamen nach kurzer Zeit wieder heraus und zeigten sich enttäuscht
über den Mangel an erwartetem Luxus. Die Heimleitung wurde aufgefordert das Haus zu schließen und die Sylvesterfeierlichkeiten abzusagen. Während der Aktion war der letzte Gast des Erholungs-
heimes, der ZK-Pensionär Kurt Seibt, unbemerkt über den

Hinterausgang verloren gegangen. Mit diesem Aufruhr am Seehaus endete für Liebenberg die Ära der hohen Parteigäste. Ich halte das Flugblatt in Händen, das zur Demo aufrief (siehe Anhang Seite 139):

„Initiativkomitee
Unsere Heimat unserem Volk – Wir sind das Volk

Wir wenden uns an alle Freunde der Natur, an alle Jäger, Angler und Erholungssuchende.
Seit 25 Jahren hat eine gewissenlose, korrupte Verbrecherclique sich das Eigentum des Volkes angeeignet. Mittels gewissenloser Handlungen wurde das Volk aus den schönsten Gebieten seiner Heimat vertrieben.
Nach der nun vom Volk erkämpften Macht klammern sich alte und neue Wendehälse mit neuem Namen an ihre alten Privilegien.
Bürger, Jäger, Angler, Erholungssuchende – wir lassen uns nicht noch einmal betrügen. Wir wollen unsere heimatliche Natur selbst schützen und nutzen.
Dazu treffen wir uns am 30.12.1989 um 14 Uhr zur Kundgebung am Parkplatz der Großen Lanke an der F 167 mit anschließendem Umzug.

Das Initiativkomitee

Losungen und Transparente sind mitzubringen. Der Phantasie sind keine Grenzen gesetzt."

Ich gehe mit der Schrift durch das Haus, hinab in den Keller, durch verwinkelte Räume zur Kellerbar und setze mich in die gepolsterten Sessel. Was wollten die Initiatoren damals wirklich, frage ich mich, und ob sie glaubten, daß das Land wirklich dem Volk gehören wird, wo gerade das Seehaus und seine Umgebung noch nie, wenn auch auf DDR-Papieren, dem Volk gehörten und ihm seit eh und je der Zugang verweigert wurde. Ich versuche mir die Parteigrößen hier im Keller zu vergegenwärtigen. Um das Rund der Bar sitzend, rauchend und über den Unterschied von irischem und amerikanischem Whisky debattierend. Der spitzbärtige Ulbricht, der beteuerte, daß niemand eine Mauer bauen will und den Stacheldraht schon bestellt hatte. Ulbricht, der noch leutselig in der Dorfkneipe saß und sein Volk lebendig einmauerte. Neben ihm sein Tischlerkollege, der lange Neumann.

Es sind Zufälle, die das Interesse für scheinbar Nebensächliches wecken. Am Abend zuvor hatte ich in einem Buch über den ungewöhnlichen Tod des Schriftstellers Ödön von Horváth gelesen. An seinem Grab auf einem Pariser Vorstadt-Friedhof, war unter den Trauergästen, auch ein Alfred Neumann zugegen. Etwa „mein A. N."? Neumann kämpfte im spanischen Bürgerkrieg, floh danach nach Frankreich. Kannte er Horvath? In Exilantenkreisen durchaus denkbar. War das Todesjahr 1938 vereinbar mit Neumanns Aufenthalt? Doch scheint mir ein Mitglied des ZK, ein eiserner Irgendwas schlecht vereinbar mit Schriftstellern, Künstlern, Bohemien.

Was weiß ich eigentlich über den „alten Kämpfer"? Hier zumindest, war er beliebt, ein anspruchsloser Gast, der wegen seinem schlecht sitzenden Gebiß die letzten Jahre nur noch weiche Nahrung, Suppen und Brei verlangte. Seine Frau kam nicht oft mit. Für sie wurden die Pfauen im Park abgeschafft, weil die so aufdringlich „quiekten" und die Tochter, seltener Gast, war gefürchtet beim Personal. Dann gehe ich wieder nach oben, vorbei an dem alten Tisch aus dem *Kaiser-Wilhelm-Institut,* auf dem die Wäsche zusammengelegt und zuvor, im Krieg, als ein Krebsforschungslabor hier ausgelagert war, angeblich die Leichname Hingerichteter aus Plötzensee seziert wurden. Wieder taucht ein ehemaliger Bewohner des Seehauses wie ein Schemen vor mir: Otto Warburg, der hier als Halbjude in ständiger Gefahr arbeitete, doch die Hingerichteten entpuppten sich als Laborratten.

Ein Haus am See

Am Ostrand der Großen Lanke steht einsam eine herrschaftliche Villa, das Liebenberger Seehaus. Das Haus ist nun beinahe hundert Jahre alt und blickt auf eine wechselvolle Geschichte zurück. Es erlebte glückliche Zeiten und jedem Hoch folgte eine Zeit der Depression, der Verwahrlosung und des Leerstandes. Aber es steht noch immer, trotzig und erhaben, und erinnert an die Geschichte des gerade vergangenen Jahrhunderts. Es ist auch die Geschichte des Ortes, in seiner kondensierten Form und soll daher noch einmal erzählt werden.

Schon lange bevor die Grundmauern des Seehauses errichtet wurden, findet der Platz an der Lanke Erwähnung: „Über die Vorgeschichte von Dorf und Schloß Liebenberg, die der Herrschaft den Namen gab, ist wenig bekannt. Aller Wahrscheinlichkeit nach war es, in der wendischen Zeit, ein von den Ukranern ausersehener Verteidigungspunkt, der dann, als die deutsche Sache gesiegt hatte, eben dieser wieder als Stützpunkt diente. Dafür sprechen noch ein paar Ortsbezeichnungen. Insbesonderheit eine: mitten auf einer schmalen Landzunge, die sich in einen Waldsee, die Große Lanke, hinein erstreckt, erhebt sich der nach drei Seiten hin von Wasser umgebene Burgberg, dessen vierte Seite, nach Art eines heranführenden Passes, leicht zu verteidigen war. Die Verteidiger desselben waren zuletzt Deutsche, wie der Name *Burgberg* andeutet, aber Deutsche, die sehr wahrscheinlich ein bloßes Erbe hier angetreten hatten."

Dies schreibt Theodor Fontane im Jahre 1888. Damals schien die Welt für die Liebenberger Herren noch in Ordnung zu sein. Wilhelm II. kam noch zur Jagd und nahm an der *Liebenberger Tafelrunde* teil, von Maximilian Harden und der Bezichtigung der Homosexualität war noch keine Rede und auch das Ungemach, das Philipp zu Eulenburg im eigenen Hause zu überstehen hatte, war noch undenkbar. Helmut Meyer schreibt dazu in seiner Libertas-Biografie: „1906 brannte seine Tochter Augusta mit dem Hauslehrer durch, um ihn zu heiraten, gleichzeitig verließ auch der Sohn Karl das Gut und ehelichte eine Bürgerliche" (Meyer, H.: *Von der Hohen Promenade zur „Roten Kapelle" – Der Weg der Libertas Haas-Heye (Schulze-Boysen) in den antinationalsozialistischen Widerstand.* Separatdruck aus dem Züricher Taschenbuch auf das Jahr 2001, Zürich 2000).

Doch zuvor, im Jahr 1904, als der älteste Sohn Philipps, Friedrich Wend Graf zu Eulenburg, sich mit der Baronesse Marie Mayr von Melnhof vermählte, war der Himmel über Liebenberg blau und der Kaiser selbst hielt eine Rede auf das Brautpaar.

Da die Brautleute verschiedenen Konfessionen angehörten und die Baronesse nicht konvertieren wollte, mußte eine Sondergenehmigung sowohl vom Vatikan, als auch vom Kaiser erwirkt werden. Wend Graf zu Eulenburg schreibt in seinem Buch *Ein Schloß in der Mark Brandenburg* über die Zeremonie: „Am 21. Mai 1904 fand die Hochzeit meiner Eltern in Liebenberg statt, an der auch Kaiser Wilhelm II. persönlich teilnahm. Nach der evangelischen Trauung in der dem Schloß gegenüberliegenden alten Dorfkirche fand im Schloß in der kleinen Kapelle dann noch die katholische Eheschließung statt, die der dazu erwählte Geistliche aus dem Nachbarstädtchen Zehdenick in fast unwürdig kurzer Weise durch hastig verlesene Texte und Gebete vollzog. Wahrscheinlich wird der arme Mann Zeit seines Lebens darunter gelitten haben, daß er hier etwas absolut Regelwidriges vollziehen mußte, auch wenn ihm natürlich der päpstliche Sonderdispens vorgelegen hatte. (…)

Als Wohnsitz für das junge Paar plante man den Bau des Seehauses auf einem Hügel über dem Große-Lanke-See, wenige Kilometer vom Schloß und Dorf Liebenberg entfernt."

Hierzu noch einmal Wend Graf zu Eulenburg: „Bei dieser Planung spielten seltsamerweise drei Riesengemälde aus der Schule von Paolo Veronese eine maßgebliche Rolle, die mein Großvater bei einer seiner vielen Reisen in Italien erstanden hatte. Diese Gemälde stellten Szenen aus dem alten Testament dar, unter anderem *Joseph wird von seinen Brüdern verkauft* und *Joseph in Ägypten erkennt seine Brüder wieder.* Die Maße der Bilder betrugen etwa 2,5 Meter mal 6 Meter, und mein Großvater wollte in dem neuen, schloßartigen Gebäude dafür einen repräsentativen Platz schaffen. So plante man, gewissermaßen um diese drei Bilder herum, das neue Haus, dessen Räume im Erdgeschoß dadurch erhebliche Ausmaße erhielten. Die beiden genannten Bilder wurden mit gewaltigen, barocken Stuckrahmen umgeben und zierten die Wände des Eßzimmers, während das dritte Bild, an dessen Thema ich mich nicht mehr erinnern kann, an der Decke des Raumes seinen Platz erhielt. Zu diesem Raum, der noch durch Flügeltüren und Fenster vergrößert wurde, sollten nun entsprechend dimensionierte, andere Gesellschaftsräume kommen, die mit Recht die Bezeichnung Hallen verdienten. So lag also der Grundriß des fast quadratischen Mittelbaues fest, der Seitenlängen von fast 50 mal 50 Meter hatte. Darüber befanden sich rund um einen hallenartigen Flur mit großem Treppenhaus unsere Schlaf- und Wohnzimmer und darüber im zweiten Stock – ebenfalls um einen großen Mittelflur herum – zehn Gästezimmer. Die gesamten Wirtschaftsräume und Wohnräume für die zahlreichen Angestellten waren in zwei rechts und links an den Hauptbau an- und vorgebauten Flügeln untergebracht, die um ein Stockwerk niedriger gehalten waren.

Unweit des Seehauses wurden weiträumige Stallungen und Garagen mit den Wohnungen für die Kutscher und Chauffeure errichtet. Das gesamte, großzügige Vorhaben war von parkartigen Anlagen umschlossen, die sich bis zu den Ufern der Großen Lanke erstreckten, an der Boots- und Badeeinrichtungen geschaffen wurden.

Mit dem Bau war im Jahre 1906 begonnen worden, und rund zwei Jahre später, im Sommer 1908, zogen die Eltern in das neue Heim. Hier kam ich am 28. Oktober 1908 zur Welt. Die gesamten Baukosten des Seehauses wurden aus der Mitgift meiner Mutter bestritten. Sie beliefen sich damals auf rund 250 000 Goldmark."

Soweit die Beschreibung des Wend Graf zu Eulenburg, dessen Vater, Friedrich Wend, der letzte Besitzer Liebenbergs bis Kriegsende war. Zu dieser Zeit war das Seehaus in verschiedenen Stilen eingerichtet. Teilweise brachte die Hausherrin ihre Möbel aus Österreich mit, zum anderen wurden neue Einrichtungsgegenstände dazugekauft. Bis auf die Marmorplatten im Eingangsbereich waren die Fußböden aus Holzdielen und in den repräsentativen Räumen wurde Parkett verlegt.

Ein Kuriosum beim Bau des Seehauses war der sogenannte „Gewitterraum". Die Baronesse Marie Mayr von Melnhof, mit deren Geld die Baumaßnahmen finanziert wurden, hatte panische Angst vor Gewittern und wünschte sich daher einen Raum, der sie vor Blitz und Donner abschirmte. So wurde unter einer Zwischentreppe im Kaminzimmer ein Türchen eingebaut, von dem man eine kleine Treppe erreichte, die in einen Raum im Keller führte. Dieser fenster- und ansonsten türlose Raum war licht- und schalldicht. Ausgestattet mit Kerzen, Büchern und Spielen konnte hier die Baronesse die gefürchteten Gewitter überdauern. Bei den Umbaumaßnahmen nach dem Krieg ging das Gewitterzimmer verloren.

Die Familie Friedrich Wends lebte bis zum Ersten Weltkrieg im Seehaus. Die englische und die französische Gouvernante wurden entlassen und den Kindern untersagt, Fremdsprachen zu benutzen. Der Krieg brachte auch eine Heizmittelknappheit mit sich und man siedelte im Winter 1914 in das Schloß über. Friedrich Wend wurde eingezogen und sein jüngerer Bruder Botho Sigwart, der im Schloßpark im Lindenhaus wohnte, meldete sich freiwillig. Botho Sigwart, ein recht hoffnungsvoller Komponist, wurde in Galizien verwundet und starb an den Folgen eines Lungenschusses. Insgesamt fanden vierzehn Liebenberger den „Heldentod" an der Front. Friedrich Wend kam mit einer Intoxikation, vermutlich durch vergiftete Speisen, zurück nach Liebenberg und genas hier nur allmählich.

Nach dem Krieg zog die Familie wieder zurück in das Seehaus und blieb dort drei Jahre bis zum Tod des alten Fürsten Philipp im Jahre 1921. Friedrich Wend, der Erbe des Gutes, übernahm die Geschäfte und zog mit der Familie in das nahe Schloß. Das Seehaus stand wieder für Jahre leer, es herrschte Stille über der Großen Lanke.

Weniger ruhig ging es im übrigen Deutschland zu. Nach dem verlorenen Krieg hatte Kaiser Wilhelm abgedankt und war in das holländische Doorn geflohen. 1919 trat die republikanische Reichsverfassung in Kraft, die Sozialdemokraten stellten den Ministerpräsidenten. Die Landjunker waren schockiert und fürchteten um ihre Machtstellung. Die Inflation stürzte viele Landgüter in den Ruin. Auch Liebenberg steckte tief in den roten Zahlen. Die Zinsen für die Kredite waren kaum aufzubringen. Land mußte verkauft werden. Zuerst gingen Ländereien in Neuhäsen verloren, später der Besitz in Bergsdorf (hier war die Eulenburgsche Ziegelei am Dorfeingang), wo heute der Maler Kurt Mühlenhaupt lebt und mit seinen achtzig Jahren noch immer munter arbeitet.

Die Krise erreichte 1925 ihren Höhepunkt. Das Gut schien nicht mehr zu halten. Nun wurde der Entschluß gefaßt, ein Beraterteam heranzuziehen, und auf dessen Anraten Rudolf Baron von Engelhardt eingestellt und mit Sondervollmachten ausgestattet. Von Engelhardt war ein junger Balte, der sich durchzusetzen wußte. Er strukturierte den Betrieb um, gründete eine Meliorationsgenossenschaft zur Trockenlegung versumpfter Flächen, intensivierte die Schweinemast und schaffte Maschinen an. Die ersten Traktoren rumpelten über die Äcker, die Drillmaschinen liefen von Sonnenauf- bis Sonnenuntergang.

Die Maßnahmen zeitigten bald Erfolg, mit der Liebenberger Landwirtschaft ging es wieder aufwärts. Auch im persönlichen Bereich hatte der junge Balte Glück: Im Jahre 1926 heiratete er Ingeborg Gräfin zu Eulenburg. Ihr Bruder Wend schien weniger Sympathie zu dem neuen Güterdirektor gefaßt zu haben. Er schreibt: „Ingi hatte damals eine große Zuneigung zu einem reizenden jungen Mann gefaßt, der ständig versuchte, mit ihr brieflich oder telefonisch in Verbindung zu treten. Dies blieb den Eltern natürlich nicht lange verborgen. Da der junge Mann aber leider nicht ganz in die für Ingi vorgesehene Gesellschaftsklasse paßte, wurde mit allen Mitteln versucht, diese Verbindung zu stören. Telefongespräche wurden unterbrochen und Briefe abgefangen, bis Ingi sich als Trotzreaktion wenig später mit unserem schon genannten neuen Güterdirektor, Baron Rudi von Engelhardt, verlobte, womit den Vorstellungen von einer standesgemäßen Verbindung zur allseitigen Erleichterung genüge getan zu sein schien."

Das junge Paar gedachte in das leerstehende Wohnhaus des Häsener Vorwerks zu ziehen. Doch es kam anders. Rudolf Baron von Engelhardt schrieb dazu in seinen Erinnerungen: „Jedoch hatte die Mutter Ingeborgs andere Pläne! Sie wollte uns in ihrer Nähe behalten und schlug uns vor, uns im voll eingerichteten Seehaus niederzulassen. Es lag sehr schön oberhalb des Sees Lanke, war 1906 für die Eltern gebaut und umgeben von einer hübschen Parkanlage, aber für uns viel zu groß! So wehrten wir uns gegen diesen Plan. Doch der Einbau einer kleineren Wohnung hätte die finanziell sehr schwierige Lage von Liebenberg verschärft!

Meinali (Marie Mayr von Melnhoff, Anm. d. Verf.) hatte einen eisernen Willen, wenn sie sich einen Plan in den Kopf gesetzt hatte. So bat sie mich eines Tages, mit ihr doch das Seehaus zu besichtigen. Dort erklärte sie mir ihren Plan, der bereits von einem Zehdenicker Baumeister gutgeheißen worden war: Der sehr hohe und breite Mittelbau, zweistöckig, hatte beiderseits zwei kleinere Flügel, einstöckig mit ausgebautem Dachgeschoß, in denen die Küche und je drei kleinere Zimmer für das Personal waren. Sie beabsichtigte, uns diesen Anbau und vom großen Mittelbau unten drei Zimmer und oben erstmal ein Zimmer abzutrennen, so daß wir eine einigermaßen abgeschlossene Wohnung bekommen sollten. Der Haupteingang blieb bestehen und von der großen Halle ging es dann gleich links in unser neues Heim. Die Gesamtkosten wollte sie von ihrem eigenen Vermögen tragen. So blieb uns nichts weiter übrig, als der geliebten Meinali herzlichst zu danken." 1926 Umzug in das Seehaus. Hier kamen die vier Kinder der Engelhardts zur Welt.

Es vergingen die Jahre mit viel Arbeit und Jagen, aber auch mit Reisen und Feiern. Aus den Erinnerungen Rudolf von Engelhardts: „Am 30. Januar 1933 gaben wir im Seehaus einen großen Maskenball: Die Eltern hatten uns erlaubt, den großen Saal unten, der an unsere drei Wohnzimmer grenzte und einen großen Kamin hatte, zu benutzen. Ingi hatte sich das Motto *Unter einem anderen Stern* ausgedacht. Entsprechend hatten wir alles dekoriert. So gab es zum Beispiel eine kleine geschlossene Ecke *Zum großen Bären,* wo man auf einem großen Bärenfelle sich niederlassen konnte. Hingegen war der *Kleine Bär* mit Fellen vom Waschbären aus eigener Zucht ausgestattet. In der großen Marmorhalle waren auf langen Tischen, die uns unsere Gastwirtschaft *Zum Rothen Hirschen* ausgeliehen hatte, die verschiedenen kalten und heißen Speisen aufgetischt. In einer Ecke hatte ich vier verschiedene Bowlen angesetzt, dazu gab es auch Obstgetränke. Und ein Fäßchen Bier war auch aufgestellt. Die Eltern hatten einige Gäste bei sich aufgenommen und uns zwei Stu-

benmädchen in schwarzer Kleidung und weißen Häubchen zur Verfügung gestellt. Die Gäste kamen von nah und fern. Insgesamt waren
vierzig Bekannte eingeladen und fast alle waren erschienen. Das Fest
verlief großartig, und ich glaube, daß sich alle Teilnehmer sehr gut
amüsiert hatten. Etwa zwanzig Gäste blieben über Nacht und kamen
zum Katerfrühstück im Seehaus zusammen. Dann wurde ein Spaziergang auf dem zugefrorenen See gemacht. Unterdessen hatte
Kutscher Schwericke meine beiden Schimmel angespannt, dahinter
sechs Rodelschlitten, die dann bestiegen wurden, und die Fahrt ging
über die Chaussee nach Liebenberg! Und wieder zurück! Nach einem
Resteessen verabschiedeten sich die Gäste und wurden mit dem
Schlitten und Auto zur Bahn gefahren!

Früh hatten wir noch erfahren, daß Hitler Kanzler geworden war,
und alle hofften, daß es nun wieder mit der Wirtschaft aufwärts
gehen würde."

Mit der Wirtschaft ging es in der Tat aufwärts, die Arbeitslosigkeit
wurde eingedämmt, der Reichsarbeitsdienst gegründet, Autobahnen
und Fabriken gebaut. Doch das geistige Klima verschlechterte sich
zusehends. Die jüdischen Kulturschaffenden und Wissenschaftler wurden verfolgt, verhaftet oder aus dem Land getrieben. Ein
Verlust, der nie mehr auszugleichen ist. Zeitungen wurden zensiert
und Gewerkschaften verboten. Später wurden Bücher und dann
Menschen verbrannt. Die NSDAP infiltrierte alle Bereiche des Lebens.

Wie überall, so hatte man sich auch in Liebenberg vorzusehen, war
man anderer Meinung oder Weltanschauung. Den Großgrundbe-
sitzern hatte Hitler Unterstützung und Machtstabilisierung zugesi-
chert, man bekannte Farbe. Auch die baltischen Deutschen, wie
Baron von Engelhardt, erhofften sich durch Hitler eine Stärkung
der Landjunkerschaft in Ostpreußen.

So traten die Liebenberger Herren der Partei bei und engagierten
sich im *Nationalsozialistischen Kraftfahr-Korps* (NSKK). Die Arbeiterschaft folgte in großen Teilen ihren Oberen und wer sich quer-
stellte, mußte um seinen Arbeitsplatz und damit um Heim und Heimat fürchten, da die Wohnungen natürlich an die Arbeitsstelle
gebunden waren.

Bald (ab 1935) stellte sich auch Hermann Göring in Liebenberg ein, wo er wegen seiner Schießkünste bewundert wurde. 1935 war es auch, daß das Seehaus wieder verwaiste. Die Familie der Engelhardts zog in das Liebenberger Vorwerk nach Häsen, wo Baron Rudolf von Engelhardt das Gut verwaltete und die Liebenberger Landwirtschaft seinem Schwager Wend Graf zu Eulenburg überließ.

Das Haus stand erneut für Jahre leer. Der Zweite Weltkrieg begann. Einundzwanzig Männer aus dem kleinen Ort Liebenberg verloren in diesem Krieg ihr Leben. Nach den anfänglichen Erfolgen der Wehrmacht zeichnete sich die Wende ab. Der Rußlandfeldzug blieb stecken. Die Amerikaner traten der Förderation gegen Hitler-Deutschland bei. Die Alliierten begannen über deutschen Städten ihre Bomben abzuwerfen. Aus Angst vor Zerstörung wurde die Krebsforschungsabteilung der *Kaiser-Wilhelm-Gesellschaft* in das Liebenberger Seehaus ausgelagert. In den ausgedehnten Kellerräumen richtete man Labors ein. Leiter war der halbjüdische Wissenschaftler Otto Warburg, der hier Versuche zur Zellatmung durchführte und nach einem Krebstherapeutikum suchte. Ein Jahr zuvor, 1942, waren Libertas und ihr Mann mit vielen anderen der *Roten Kapelle* hingerichtet worden.

Nach dem Höllenlärm von Tausenden Bomben, Granaten, Gewehr- und Pistolenkugeln fiel ein Schuß, der Europa aufatmen ließ: Hitler begann im Mai 1945 Selbstmord, das Deutsche Reich kapitulierte. Bereits im Januar 1945 kamen Flüchtlingsströme aus den östlichen Landesteilen. Die Rote Armee stieß bis zur Oder vor. In Liebenberg wurde die Flucht vorbereitet. Ab Ende März begann der Durchzug der sich auf dem Rückzug befindlichen deutschen Truppen, Mitte April war das Trommelfeuer hörbar, Bombergeschwader zogen am Himmel dröhnend nach Berlin. Am 20. April floh die Liebenberger Herrschaft vor den heranrückenden russischen Einheiten nach Holstein, der langsamere Treck der Landarbeiter wurde von den Engländern aufgehalten und zurückgeschickt. Während das Schloß geplündert und verwüstet wurde, kam dem Seehaus die abgelegene Lage zugute. Außer Plünderungen erfuhr es keine weiterreichenden Zerstörungen. Die Ausstattung des Labors wurde in Kisten verpackt und nach Rußland gebracht.

Nachdem sich die russischen Soldaten und in ihrem Gefolge die polnischen Maradeure ausgetobt hatten, kehrte so etwas wie Normalität ein. Die sowjetische Besatzung setzte eine Provinzialregierung ein und im Gut nahm man den alten Verwalter, Oberinspektor Hans Scheu wieder in Dienst genommen. In einer Julinacht des Jahres 1945 wurde der Verwalter und seine ganze Familie ermordet. Um die Tat zu vertuschen legte man Feuer in Scheus Wohnung, wobei das Archiv, der Torturm, die *Nordische Halle* und große Teile der Brennerei abbrannten. Rotarmisten und Dorfbewohner löschten mit Wasser aus dem Schloßteich und retteten die Hälfte des Schloßgebäudes. Man fand nach dem Feuer die Frau und die Kinder mit durchgeschnittenen Kehlen, das jüngste war gerade anderthalb Jahre alt. Die Tat wurde nie aufgeklärt. Durch den Brand verlor der Schloßhof seine architektonische Geschlossenheit und damit seine mittelalterlich anmutende Ausstrahlung.

Im September 1945 beschloß die Provinzialregierung Mark Brandenburg die *Verordnung über die Bodenreform,* wobei Betriebe über 100 Hektar enteignet, zerstückelt und landarmen bzw. landlosen Bauern zugeteilt wurden. Der Slogan: „Junkerland in Bauernhand" begleitete die Aktion. Auch Liebenberg wurde enteignet, doch übergab man das Gut auf Geheiß des Oberbefehlshabers der sowjetischen Militäradministration in Berlin an die SED für eine Parteischule.

Das Seehaus wurde aus dem Wirtschaftsbereich des Gutes herausgenommen und zu einem Erholungsheim für die Mitglieder des Zentralsekretariats umgebaut. Von 1950 an durften neben den Mitgliedern des Zentralsekretariates und des Parteibüros, auch die Abteilungsleiter des *Zentralkomitees* im Seehaus absteigen. 1958 wurde die Küche durch einen Anbau erweitert, der so gut an die alte Bausubstanz angepaßt ist, daß man den neuen Baukörper kaum bemerkt. Nur im Keller ist im Bereich des Anbaues, mehr Feuchtigkeit eingedrungen als im restlichen Kellerlabyrinth.

1965 führte man eine Generalreparatur durch, wobei Toiletten und Heizung erneuert wurden. Beim Mobiliar herrschte in den fünfziger und sechziger Jahren des zwanzigsten Jahrhunderts der sogenannte *skandinavische Stil* vor. Ab Mitte der sechziger Jahre des zwanzigsten Jahrhunderts wurden Schrankwände mit Holzfurnier eingebaut, wie es damals in Mitteleuropa Mode war. Ab 1970 gab man den internationalen Bezug auf und möbilierte das Seehaus zum großen Teil neu. Vornehmlich fanden schwere, dunkle Polstermöbel und Kunststoffelemente, wie Spiegelschränke in Badezimmern, und Resopalplatten Verwendung.

Um den weiträumigen Park des Seehauses zog man einen Zaun und eine Wachmannschaft wurde eingesetzt. Anfangs, als die Republik noch jung war, reichten zwei, drei Mann, dann kam eine ganze Abteilung des Wachbataillons Feliks-Dzierzynski, das besondere Objekte, wie die Wohnsiedlung der Politprominenz – Wandlitz –, von seinen Soldaten bewachen ließ. Später übernahm das Ministerium des Inneren die Schutzaufgabe und stellte Volkspolizisten aus der Umgebung ab, die in gewissem Turnus abgelöst wurden. Nur Befugte und hohe Regierungsmitglieder konnten die bewachten Tore passieren. Die Bäume um das Haus ließ man wachsen, um den freien Blick auf das Gebäude zu verstellen und schwere Vorhänge verdunkelten die Fenster. Die alte Badestelle, die auch die Dorfbewohner gerne genutzt hatten, wurde auf die gegenüberliegende Seite verlegt und es war verboten, über die Mitte des Sees zu schwimmen oder Wasserfahrzeuge jeglicher Art zu benutzen. Man wollte seine Ruhe haben. Dank den Genossen erlebte das Seehaus, im Gegensatz zum restlichen Gut, die Wende in tadellosem Zustand. Zur Erhaltung dieses Zustandes waren neben den fünfundzwanzig Mann Wachpersonal, sechs Gärtner und neunzehn Personen im Haus dauernd beschäftigt. Dazu kamen die temporären Handwerkerarbeiten, soweit etwas anfiel. Man lebte gut im Seehaus, doch mit Honecker stiegen die Ansprüche der Oberen. So logierte nur noch die sogenannte zweite Garde ab Ende der siebziger Jahre des zwanzigsten Jahrhunderts im Seehaus und langsam blieben die Gäste ganz aus. Nur der alte Kämpfer Alfred Neumann war häufiger Gast und bereicherte die Eingangshalle mit seinen Jagdtrophäen, die er in den Liebenberger Wäldern und in anderen Staatsjagdbezirken der DDR erlegte. Wenn er mit seinem schwarzen Volvo direkt vor das Tor vorfuhr, standen die Angestellten Spalier und er begrüßte sein Personal mit Handschlag. „Der lange Neumann" war beliebt im Seehaus und wenn er auch jeden Morgen dem Zimmermädchen den Tagesgruß entrichtete, äußerte er sich zu einem Angestellten bezüglich den Leipziger Montagsdemonstrationen: „Da müßte man mit der Maschinenpistole reinhalten, dann wäre Ruhe".

Die Montagsdemonstrationen weiteten sich auf das ganze Land aus und der moribunde Staat war nicht mehr aufrechtzuerhalten. Auch im Seehaus wehte ein neuer Wind. Kurz vor dem Jahreswechsel 1989/1990 versammelte sich eine Menschenmenge an der Badestelle der Großen Lanke und marschierte um den See, zum Refugium der Herrschenden. An der Spitze zogen die Angler, endlich sollten alte und uralte Privilegien ausgelöscht werden. Doch die Herrscher waren lange schon weg, Jahre schon. Auch Neumann war weg. Auch die Wachmannschaft war nach Hause gegangen. Die Hausleiterin ließ eine Abordnung der Demonstranten ein, doch der Luxus und die Spuren der Ausschweifungen, die man erwartet hatte, waren nicht vorhanden. Im Grunde fand man nur Biederkeit und stille Räume. Der Betrieb sollte eingestellt werden, entschied das Volk vor den Türen und bis Neujahr war das Haus vom verbliebenen Personal verlassen. Nach der Wende wurde das Gut Liebenberg, dem Parteivermögen der SED zugehörig, der PDS überschrieben, das Seehaus bewirtschaftete die PDS-nahe *Belvedere Hotel GmbH*. Das alte, eingespielte Personal konnte weiterarbeiten und jetzt endlich war das Seehaus zum ersten Mal seit seinem Bau 1906 der Öffentlichkeit zugänglich. Über achtzig Jahre hielten Privilegien oder Zäune den Untertan, den Bürger, den Genossen davon ab, den Park am See zu beschreiten, jetzt konnte man hinein und sehen, was sich kurz zuvor noch den Blicken entzogen hatte. Eigentlich hätte das das beschworene Happy End sein sollen, doch es kam anders.

Die Zeit nach der Wende war eine Zeit, in der sich viele Hände im Seehaus bedienten, es nach und nach leerräumten, bis die DKB *Wohnen* GmbH es zu Beginn des Jahres 2000 übernahm. Die Nachwendeeinrichtung der Belvedere-Gruppe jedenfalls hielt nicht lange dem Sturm der neuen Zeiten stand und nachdem ein Privatmann, Erwin Heitmann, aus dem Westen zwei Jahre hier wirtschaftete, während die Gäste sich wohl fühlten, die Eintragungen im Gästebuch zeugen davon, Heitmann aus anderen, unerfreulichen Gründen aber das Feld räumen mußte (siehe dazu auch das Kapitel „Zehn Jahre Nachwende, zehn Jahre Wirrungen", Seite 105), kam der nächste Pächter, das Hotel *Preußischer Hof* (hervorgegangen aus der *Fachschule für Landwirtschaft des Zentralkomitees* in Bischofswerder/Liebenwalde). Aber nach nur wenigen Jahren konnten die schwachen Besucherzahlen den Betrieb nicht mehr finanzieren und man ging. Zurück blieb der Kellner, früher ein Sekretär auf dem Parteigut. Er hielt sich drei Jahre mit Partys und Kuchenverkauf, aber das Haus hatte in dieser Zeit arg gelitten. Es war heruntergekommen und verschmutzt.

Als die Kinder der Erbauer durch die Säle und langen Flure rannten, als familiäres Leben das Haus füllte, hatte es vielleicht seine glücklichsten Zeiten gehabt. An der Tür zwischen Eßzimmer und Kaminraum sind Bleistiftstriche zu erkennen, übereinander, mit Jahreszahlen versehen. 1916, der erste, ein Kind wuchs und jährlich ein weiterer Strich bis zum Jahre 1922, es muß wohl ein Sproß des Friedrich Wend zu Eulenburg gewesen sein, wahrscheinlich Wend, 1908 hier geboren, aber wer weiß das schon, lange ist es her, eine andere Zeit, beinahe vergessen.

Im Juli 2000 kam ich an, lebte hier ein Jahr, der letzte Bewohner, bevor es von der DKB/DKB *Wohnen* von Grund auf renoviert wurde. Das Haus roch nach Dreck und Hundeurin. Kein Telefon, kein Herd, ein verschimmelter Kühlschrank.

Ich hatte die Natur auf meiner Seite, herrliches Sommerwetter, ein See vor dem Haus, nette Nachbarn, ein Idyll. Nachts schien mir das Haus noch größer, nur noch wenige Lampen brannten in den langen Fluren. Wie soll ich hier leben, fragte ich mich, und die Zeit beantwortete schnell diese Frage. Wenn ich am Tisch im Speisesaal saß, ein Tisch nur, ein paar Stühle in diesem stillen Raum, stellte ich mir vor, wie es einst hier aussah. Anstatt der abgehängten Decke, diesen seltsam bieder-altmodisch anmutenden Gipsplatten über mir, hing einst höher noch das riesige Gemälde Veroneses *Die Befreiung Petrus aus dem Gefängnis* und kurioserweise durch das Bild ein Loch gebohrt, um den schweren Versailler Leuchter aufzuhängen. An den Wänden die beiden anderen Bilder in ihrem barocken Goldrahmen, biblische Szenen. Man konnte sich erschlagen fühlen, aber auf eine eindrucksvolle Art. Die Fenster in diesem Saal, damals ohne Vorhänge, gewährten einen freien Blick auf den See. Anders als die Politprominenz ließ man Licht und Sonne ein. Es war wohl sehr schön, es war eine andere Zeit.

Die Sommernächte saß ich oft allein auf der Terrasse, unter einem grandiosen Sternenhimmel, wie er im dunstigen Licht der Städte kaum denkbar ist und genoß die Luft, die Stille, den Ruf des Nachtvogels. Und langsam erwuchs dieses Gefühl, daß all die Zeiten, die guten wie die schlechten, dem Seehaus nichts anhaben konnten, es ruht wie ein Fels über der Großen Lanke und schenkte mir viele Stunden, die ich nicht mehr missen möchte.

Dann begannen allmählich die Vorbereitungen für die Renovierung und meine Tage im Seehaus waren gezählt. Ich mußte mir eine andere Bleibe suchen, nahebei (in den ehemaligen Kutscherhäusern) stellte man mir eine Wohnung zur Verfügung, es war schwer zu gehen.

Doch trotz all dem bin ich froh, daß jemand kam und das Seehaus wieder einer neuen Nutzung zuführt, es vor Verfall bewahrt und ihm wieder bessere Zeiten zubilligt. Diesem Haus, das nach den Fürsten, nach Inflationen und zwei Weltkriegen die Hubschrauber und Limousinen der DDR-Bonzen sah, in der Nachwendezeit beinahe vollständig ausgeweidet wurde und nun mit Gleichmut die neuerlichen Renovierungsarbeiten über sich ergehen läßt. Es ist ein besonderes Haus.

Zehn Jahre Nachwende,
zehn Jahre Wirrungen

Es brauchte zehn Jahre, um aus dem ehemals funktionierenden Parteigut, das einem ganzen Dorf Arbeit gab, das zu machen, was den Besucher um die Jahrtausendwende in Liebenberg erwartete: Ein tristes, heruntergekommenes Stück gewesener DDR, ein armseliges Dorf voll Arbeitsloser, die resigniert hatten. Zehn Jahre versuchten die vielbeschworenen Glücksritter, die überall in den neuen Ländern auftauchten, ihr Geschäft zu machen, oft im Verein mit Einheimischen, es kamen aber auch Menschen, die Liebenberg wieder zu Höherem verhelfen wollten. Alle scheiterten an den ungeklärten Besitzverhältnissen, an sturen Bürokraten und unbeweglichen Behörden, sowie am Widerstand einiger alteingesessener Angestellten des ehemaligen Gutes, die ihre Vormachtstellung nicht aufgeben wollten. Es ist ein Verwirrspiel aus Kürzeln wie RTT, SUN, VSQ, BfW, UNICO, VGA, BvS, die hier ihre Chiffren hinterließen, es ist ein Politkrimi, angereichert mit Verleumdungen, Klagen, Schiebungen. Ein Dickicht, kaum durchdringbar im Nachhinein.

Nach DDR-Recht war die von der SED gegründete *Fundamentgesellschaft für Grundbesitz mbH* die Eigentümerin der Domäne Liebenberg. Mit der Wende wurden verschiedene Firmen gegründet, um Parteivermögen der SED für die PDS zu sichern. Die PDS-Unternehmer Kraus, Vetter und Rabes betrieben ab Anfang April 1990 die *Belvedere Hotel GmbH,* unter deren Komandantur ehemalige Parteierholungsheime und Hotels liefen, wie das Schloßhotel am Teupitzer See oder das Seehotel am Müggelsee. Auch das *Erholungsheim Liebenberger Seehaus* kam unter deren Zuständigkeit. Laut PDS stand die Sicherung von Arbeitsplätzen an vorderster Stelle. Die Gästehäuser wurden auf Weisung des Vorsitzenden Gregor Gysi von der Fundamentgesellschaft per Erbpachtvertrag übernommen, bewertet nach altem DDR-Recht und daher billig. Das Schulgut kam gleichermaßen in die Hände der 1990 gegründeten *Reittouristik- und Tourismus GmbH* (RTT) unter der Führung des vormaligen Schulgutdirektors Ratayczak. Anfangs wurden noch größere Geldmengen von der PDS als nichtrückzahlbare Darlehen in die Gesellschaften gepumpt, was die Betriebe am Laufen hielt.

Am 24. Juni 1991 beschlagnahmte die *Treuhand-Anstalt* in Verbindung mit der *Unabhängigen Kommission zur Überprüfung des DDR-Vermögens* das Gut. Laut Einigungsvertrag sollte die *Unabhängige Kommission* die Eigentumsverhältnisse der Massenorganisationen der DDR untersuchen und im Verbund mit der *Treuhand* unrechtmäßig erworbenes Vermögen gemeinnützigen Organisationen zukommen lassen.

Das Finanzministerium unter Theo Waigel schaltete sich ein: Das Gut Liebenberg sei Volkseigentum gewesen und müsse somit an den Bund übergehen. Auch das Land Brandenburg meldete jetzt Ansprüche an. Die Querelen der „übergeordneten Stellen" begleiteten das Schicksal Liebenbergs über Jahre. Mittlerweile hatte sich die *Stiftung für Umwelt- und Naturschutz Brandenburg e.V.* (SUN) der PDS genähert und war in Übernahmeverhandlungen getreten. Die PDS signalisierte grünes Licht und wollte der Stiftung das gesamte Gut kostenlos überlassen.

Die SUN war unter dem Vorsitz von Politikern wie Steffen Reiche, Matthias Platzeck, Manfred Stolpe und Sabine Bergmann-Pohl unter großem Presserummel im September 1990 gegründet worden und hatte sich Liebenberg als vorrangiges Objekt auserkoren. Ziel war es, in geeignetem Ambiente Umweltseminare abzuhalten und die landwirtschaftlichen Flächen nach ökologischen Richtlinien zu bewirtschaften.

Mit der Duldung der *Treuhand* schloß das Land Brandenburg im Oktober 1991 einen Unterverwaltungsvertrag mit der SUN ab, um wenigstens die bereits bewilligten hundert ABM-Stellen (Arbeitsbeschaffungsmaßnahmen) besetzen zu können, doch nur für ein Jahr. Kurz nach der Wende reisten auch die Alteigentümer, die Nachfahren des letzten Fürsten Eulenburg aus Hertefeld an und versuchten ihr angestammtes Land zurück zu erhalten. Einer Rückübertragung wurde nicht stattgegeben, da die Enteignung im Zuge der Bodenreform auf besatzungshoheitlichen Grundlagen beruhte. Der mit den Eulenburgs angereiste Wilfried von Engelhardt blieb, im Gegensatz zu seiner niederrheinischen Verwandtschaft. In Liebenberg traf er auf den Geschäftsführer der SUN, Herrn Hengstenberg, und schloß sich der Stiftung an. Auf seine Empfehlung reiste der „Weltenbummler und Öko-Landwirt" Eugen Burnus von einem SOS-Kinderdorf in Kolumbien an, um Liebenberg im Sinne der SUN mitaufzubauen.

Die SUN-Leute stießen schnell auf den Widerstand der eingesessenen Bereichsleiter. Von den „ungerufenen Wessis" wollte sich keiner etwas sagen lassen. Auch die herrschaftlichen Alüren, wie die Dorfbewohner das Auftreten der neuen Macher bezeichneten, fiel auf keinen fruchtbaren Boden. Man behinderte sich gegenseitig und die idealistischen Zielsetzungen waren in realiter schwerer durchzusetzen als in freundschaftlicher Runde geplant: Die SUN meldete im Juli 1992 Konkurs an. Die vom Land Brandenburg und von anderen Stellen gewährten Unterstützungen versickerten im Sand des märkischen Bodens.

Auch die *Reittouristik- und Tourismus GmbH* stellte Ende 1992 ihre Tätigkeit ein. Der Versuch, die Gesellschaft in eine gemeinnützige Stiftung zu verwandeln war fehlgeschlagen und ob ihrer Nähe zur PDS fand sie auch keine Fürsprecher in übergeordneten Gremien. Mit dem Ableben der SUN bildete sich der *Verein für Strukturentwicklung und Qualifizierung im ländlichen Raum e.V.* (VSQ), fing die ABM-Stellen ab und nutzte das Schloß als Verwaltungssitz.

Klaus-Dieter Wolf, ehemaliger Vorsitzender der FDGW und Mitarbeiter der Kreisleitung in Gransee, gründete den Verein, um sich und den Arbeitslosen der Region eine Lebensgrundlage zu schaffen. Zunächst bewilligte das Arbeitsamt 56 ABM-Stellen. Der VSQ pachtete 150 Hektar Ackerland des Gutes, den Rest der landwirtschaftlichen Fläche übernahm die aus der LPG in Bergsdorf hervorgegangene *Agrar-GmbH*. Neben der angestrebten ökologischen Bewirtschaftung des Bodens mit Hilfe ehemaliger Liebenberger Landarbeiter, entwickelte der VSQ weitere Projekte, wie die „Landschafts-, Garten- und Denkmalpflege", die den Park und Gutsgebäude wieder in einen ansehnlichen Zustand zurückführen sollte. Außerdem schufen die Projekte *Geschichtswerkstatt* und *Tourismus* Gelegenheit, Langzeitarbeitslose zu integrieren. Die meisten Stellen wurden, wie die Bewohner des Dorfes kritisierten, von Auswärtigen besetzt und brachten keine nennenswerte Absenkung der Arbeitslosenzahl in Liebenberg. Der VSQ eröffnete das Museum und stellte eine Sammlung historischer landwirtschaftlicher Geräte aus.

Der Verein, der bescheiden anfing, behauptete sich und überstand die schwierigen Jahre – stetig wachsend – bis zum Konkurs im Jahr 2002. Über Liebenberg hinaus wurden verschiedene Projekte im Bereich „Umweltsanierung" etabliert.

Im Februar 1993 fanden bereits 130 Arbeitslose Beschäftigung. „Die wesentlichen weiterführenden Konzepte des VSQ, auf deren Grundlage inzwischen ABM-Anträge bewilligt wurden und zur Zeit gerade Arbeitsverhältnisse eingerichtet werden, stammen aus der Feder von Bfw-Mitarbeitern", beklagte sich das *Berufsfortbildungswerk des Deutschen Gewerkschaftsbundes GmbH* (Bfw) in einem offenen Brief im Februar 1993 an das *Grundstücks- und Vermögensamt des Landes Brandenburg* (VGA), das mittlerweile Entscheidungsbefugnis über Liebenberg erlangt hatte. Tatsächlich arbeitete das Bfw eng mit dem VSQ zusammen und hatte sich mit dem Verein auf eine gemeinsame Nutzung des Schloßareals geeinigt. Die Einrichtung des DGB führte bereits seit etwa einem Jahr Fortbildungen in Liebenberg durch und hoffte auf einen positiven Vertragsabschluß mit dem VGA. Doch den alleinigen Zuschlag erhielt der VSQ, woraufhin sich das Bfw zurückziehen mußte.

Neben der Vielzahl der Bewerber um Liebenberg (wie dem Unternehmer Joachim Maurice Bullermann, der als Privatinvestor auftauchte, später als Geschäftsführer der Firma UNICO oder auch als Maurice Mielert und lange prozessierte, da er vom Konkursverwalter der *Reittouristik,* dem Bremer Rechtsanwalt Wolfgang Wutzke, das Gut Liebenberg gepachtet hatte und der Vertrag als nicht rechtsgültig erklärt wurde – die Zustimmung der *Treuhand* hatte gefehlt), sollte der Name Erwin Heitmann erwähnt werden, der sich dem „kollektiven" Liebenberger Gedächtnis eingeprägt hat und nicht wenig Presserummel auslöste.

Erwin Heitmann, der „notorische Plattmacher" (BILD), der „Puppenspieler, der die Fäden in der Hand hält" oder der „ungeliebte Schloßherr" (Regionalzeitungen), selbstständiger Geschäftsmann aus Schleswig-Holstein, kam nach dem Konkurs seiner Firma (einer Kaffeerösterei) in die damals neuen Bundesländer als Unternehmensberater für verschiedene LPGen, die dann alsbald liquidiert und von ihm abgewickelt wurden. Auch in der LPG *IV. Parteitag* in Kleinmutz, nahe Liebenberg, die er zuvor beraten hatte, fungierte er als Liquidator des Genossenschaftsvermögens. Für die Zeit seiner Tätigkeit logierte er im Seehaus, wo er die „inhomogene Situation" in Liebenberg kennen- und die Liegenschaft schätzen lernte.

Im Mai 1992 klagten 23 frühere LPG-Bauern gegen Heitmann wegen „Verschleuderung von Vermögenswerten der LPG". Sie warfen ihm vor, den Vorstand der Genossenschaft dergestalt beraten zu haben, das Betriebsvermögen als sehr gering einzustufen, um so Vermögenswerte den Mitgliedern vorzuenthalten. Die Vorstände übernahmen im Zuge der Liquidierung als sogenannte Wiedereinrichter diese Werte zu einem günstigen Preis.

Zu der Zeit dieser Auseinandersetzungen, dem Ende der RTT und der SUN, wurde Heitmann, der angeblich über gute private Verbindungen zu dem Landesbeauftragten Dr. Adelhelm verfügte, als Pächter Liebenbergs eingesetzt. Er zog sich kurz darauf von der Gesamtübernahme zurück und fungierte nur als Pächter des Seehauses, das er als Hotel betrieb. Der Nutzungsvertrag erregte die Gemüter außerordentlich. Heitmann bekam das Seehaus ohne einen Nutzungszins, die Instandhaltungskosten sollten beim Verwalter liegen. Das Grundstücks- und Vermögensamt erklärte, daß vom Finanzministerium grünes Licht signalisiert worden wäre bezüglich dieser Regelung. Der unterzeichnende Amtschef Hubertus Hake gab an, Herrn Heitmann gar nicht zu kennen und von den gerichtlichen Auseinandersetzungen mit den ehemaligen LPG-Mitgliedern nichts gewußt zu haben. Als 1993 bekannt wurde, daß der vorläufige Nutzungsvertrag in einen Erbbaurechtsvertrag für ganz Liebenberg übergehen sollte, schritt die *Treuhand-Anstalt* ein. Wegen der ihrerseits fehlenden Unterschrift auf dem Vertragswerk erklärte sie den Erbbaurechtsvertrag als ungültig. Am 30. November 1993 sollte Heitmanns Vertrag für das Seehaus auslaufen und das mittlerweile hellhörig gewordene Grundstücks- und Vermögensamt hätte Herrn Heitmann gerne ziehen lassen, doch der blieb. Nicht zuletzt, weil das Vermögensamt ihm im Januar 1993 mit halbherziger Zustimmung der *Treuhand,* die dann schnell wegen Bedenken gegenüber dem Vertragspartner sich zurückzog, den Vertrag verlängerte.

Nachdem die *Treuhand-Anstalt* wie geplant ihre Tätigkeit am 30. Dezember 1994 ohne große Feierlichkeiten einstellte, übernahm die „Bundesanstalt für vereinigungsbedingte Sonderaufgaben" (BvS) die Verantwortung für die abzuwickelnden Restbestände der ehemaligen DDR, darunter auch die Hoheit über Liebenberg. Die BvS stellte Heitmann ein Räumungsultimatum bis zum 30. April 1995, dem er nicht nachkam. Am 21. Februar des Folgejahres wurde die angestrebte Räumungsklage wegen „vertragslosem Zustand" rechtskräftig und Heitmann verließ endgültig Liebenberg. Schon in den Jahren zuvor war er nur sporadisch anwesend und seiner Frau oblag die Leitung des Seehauses, die sie mit wahrer Aufopferung, wie das Gästebuch beweist, durchführte. Er kam nicht mehr, sie ist Liebenberg treu geblieben und wohnt noch immer nahebei.

Während seiner Anwesenheit in Liebenberg machte Herr Heitmann sich nicht nur bekannt durch die Querelen mit den Liquidationsgeschädigten, den Landesbehörden und der *Treuhand-Anstalt,* sondern sorgte in der Löwenberger Gemeinde für Unruhe, da er ohne Gewerbeschein das Gästehaus leitete und im Streitfall VSQ versus Bfw als bezahlter Berater des VSQ fungierte. Der Privatkrieg Heitmann – Bullermann, der selbst Anspruch auf Liebenberg und vor allem auf das Seehaus anmeldete, erheiterte in dieser Zeit höchstens noch die Gemüter (siehe Anhang Seite 143). Heitmann wurde Ende 1995 vorgeworfen, daß in seiner dreijährigen Tätigkeit aus dem vorhandenen LPG-Vermögen von 700 000 Euro 1,6 Millionen Euro Schulden entstanden seien, er selbst habe sich für Honorar und Spesen 320 000 Euro entnommen. Der neue Liquidator der LPG Klein-Mutz, der Bonner Anwalt Fritz Lohlein, begnügte sich mit einem Pauschalhonorar von 150 000 Euro plus Spesen, mit den Worten: „Das Klima ist rau und ich muß notwendige Prozesse führen, die ich eigentlich nicht führen will."

April 1996: Die Glocke der Liebenberger Kirche läutet zum ersten Mal nach langen Jahren wieder. Pfarrer Rinn besorgte sich die Erlaubnis bei der BvS.

Nachdem die *Libertas-Kapelle* wieder für Gottesdienste genutzt wird und vor kurzem das Altarbild restauriert wurde, kann die kleine Liebenberger Kirchengemeinde – ein Bruchteil der Liebenberger Einwohnerschaft – wieder Kirchenleben im eigenen Ort praktizieren. Auch die Kirchturmuhr ist auf Betreiben von Baron Engelhardt wieder gängig gemacht worden und hat ein neues (nach altem Vorbild), buntes Ziffernblatt erhalten.

Das Liebenberger Ackerland bewirtschaftet die Agrargenossenschaft Bergsdorf, den Gutshof hält soweit es in seinen Mitteln steht der VSQ in Schuß, das Sägewerk und die Schloß-Gaststätte sind verpachtet, der *Luisenhof* wird von der *Lebenshilfe e.V.* als Reiterhof und Behindertenwerkstätte betrieben, der Bauernmarkt des VSQ wird angenommen und an den „ungeliebten Schloßherrn" im Seehaus hat man sich beinahe gewöhnt (das Verfahren wegen Veruntreuung wurde eingestellt, den Posten als Liquidator mußte er auf Weisung des Oberlandesgerichtes dennoch räumen). Doch das Dorf und Gut verfällt weiter, keine Erneuerungen, gerade notwendige Reparaturen werden vorgenommen, obwohl die Miete seit der Wende um das Zehnfache gestiegen ist, sagen die Bewohner und: man lebt nur noch von der Substanz.

Das ursprünglich auf 40 Millionen Euro geschätzte Gesamtobjekt Liebenberg wird nun viel geringer eingestuft, das Land Brandenburg, das Ansprüche angemeldet hatte, zog sich zurück und macht damit – nach beinahe sechs Jahren – den Weg für potentielle Käufer frei. Der Pressesprecher des Wirtschaftministeriums dazu: „Das Land hat kein Geld. Es gibt viele Liebenbergs in Brandenburg!" Auch diese hinhaltende Hoffnung dahin, wieder – noch immer keine Investoren, die etwas für das Dorf tun.

Und dann bricht das Mediengewitter los, ausgelöst von einer kleinen Annoce in der überregionalen Presse im Oktober 1996. Die *Bundesanstalt für vereinigungsbedingte Sonderaufgaben* veröffentlicht folgenden Text:

„Ausschreibung: Rittergut Liebenberg in Brandenburg,
Landkreis Oberhavel

Sehr weitläufiges Areal, ca. 50 km von Berlin, in der reizvollen mär-
kischen Landschaft. Mehrere historische Bauten, darunter ein Schloß
mit Park und Gutshof, eine Villa am See, eine Kirche, sowie ein
Dorfgebiet mit über 50 Ein- und Mehrfamilienhäusern auf einer
Fläche von ca. 20 Hektar. Die umliegenden Flächen werden land- und
forstwirtschaftlich genutzt und umfassen u. a. 480 Hektar Forst,
880 Hektar Acker- und Grünland und 59 Hektar Seen.
Die Gebäude und das Land sind weitgehend vermietet bzw. ver-
pachtet. Erhebliches Potential besteht für eine touristische Nutzung
in Verbindung mit den vorhandenen Nutzungsarten.
Gebote werden nur für das gesamte Gut akzeptiert – der Verkauf
von einzelnen Gebäuden oder Parzellen ist in dieser Phase ausge-
schlossen. (…)

Letzter Termin für den Eingang der Gebote:
6. Dezember 1996. "

Erst Tage später informiert die BvS die Betroffenen in Schreiben über
den geplanten Verkauf, die Gemeinde erfährt von dem Vorhaben erst
durch die Presse.
Die Liebenberger haben Angst um ihre Häuser und Wohnungen, die
Kommune fragt sich, was mit den öffentlichen Plätzen und Straßen,
mit dem Wasser- und Abwassernetz passiert, die Pächter bangen um
ihre Verträge.
Den Liebenbergern, die ihre Häuser kaufen wollen, wird mitgeteilt,
daß die Grundstücke nicht vermessen sind und dies aus Zeitgrün-
den nicht geplant wäre, wer sein Haus kaufen will, muß die ganze
Liegenschaft dazukaufen.
Die Medien reißen sich um die Schlagzeilen. „Hilfe! Unser Dorf soll
verkauft werden!", „350 Bürger in Angst: Ihr ganzes Dorf soll verkauft werden", „Verkauft und verraten". Selbst die *New York Times* bringt
im November 1996, von Baron Engelhardt informiert, einen Artikel
über Liebenberg ("Tiny village in Germany subdues a Goliath"). Die

Süddeutsche Zeitung, die den „Fall Liebenberg" auf der Titelseite brachte, schlug vor, die ganzen neuen Bundesländer mitsamt den Sorgen darum zu verkaufen. Mittlerweile wurde von einer Verhandlungssumme für das Anwesen um die 9 Millionen Euro gesprochen. Die Öffentlichkeit übte Druck auf die BvS aus, die Fehler einräumte, aber nicht von ihren Plänen, Liebenberg als Gesamtimmobilie zu verkaufen, abrücken wollte. Auf Anraten Baron von Engelhardts hin, sollte eine Liebenberger Genossenschaft gegründet werden, bestehend aus Gemeinde, Bürgern, Pächtern und anderen, um Liebenberg zu kaufen. Die BvS verlängerte daraufhin den Gebots-Abgabetermin für die zu gründende Genossenschaft.

Dann, unerwartet, nach einem Gespräch mit Landrat Schröter und dem Löwenberger Amtsdirektor Herrn Schneck, zog die BvS ihre Ausschreibung zurück. Im Verlauf der Besprechung wurde eine Liebenberg-Kommission gebildet, deren Vorsitz der Landrat übernahm. Neben der Kreisverwaltung und dem Amt Löwenberg, gehörten der Kommission noch Gemeindevertreter aus Liebenberg, Vertreter des Landes, der BvS und der *Unabhängigen Kommission zur Überprüfung des Vermögens der Parteien und Massenorganisationen der ehemaligen DDR* und andere an. Die Mieter und Pächter in Liebenberg wurden nun aufgefordert, bestehendes Kaufinteresse von Einzelobjekten anzumelden. Die Häuser und Wohnungen sollten mit Zustimmung aller Beteiligten in das Eigentum der *Gemeinnützigen Wohnungsbau-Gesellschaft Gransee* GEWO übergehen.

Anfang 1997 schien das „Sorgenkind" der BvS doch noch gut untergebracht zu werden. Achtzig Interessierte antworteten auf die neuen Ausschreibungen. Doch bereits im Juli des Jahres waren nur noch ein Berliner Investor im Gespräch, die Liebenberg-Kommission hatte sich wieder aufgelöst und einige kleinere Pächter, wie das Hertefelder Sägewerk hatten wegen kurzfristigen Verträgen, ungeklärten Besitzverhältnissen und auch aus wirtschaftlichen Gründen das Handtuch geworfen, sprich Konkurs angemeldet. Die kaufwilligen Hausbewohner waren immer noch nicht in die Lage versetzt worden, Eigentum zu erwerben. Auch die Wohnungsgesellschaft GEWO war mittlerweile wieder abgesprungen und kein neuer gemeinnütziger Träger in Sicht.

An dieser Situation änderte sich auch die nächsten anderthalb Jahre nichts grundlegend. Das Sägewerk war mittlerweile ausgeplündert und von Vandalismus heimgesucht. Einige Häuser – zumindest – an die Bewohner verkauft (was im Dorf zwischen den Besitzlosen und den Besitzern zu Neid und Unstimmigkeiten führte), der *Luisenhof* an die *Lebenshilfe e.V.* übergegangen und das Dorf und Gut stellte sich trostloser denn je dar. Das Schulhaus in der Dorfstrasse war Besitz der Gemeinde und konnte daher an einen Liebenberger, Herrn Lorenz, veräußert werden. Die ehemalige Gaststätte *Rother Hirsch,* zu DDR-Zeiten Konsumladen, wurde an die Bewohner, Familie Manzke, von der Konsum-Kette verkauft. Im Seehaus hatte nach dem erzwungenen Weggang von Herrn Heitmann der *Preußische Hof* einen Ableger eröffnet, doch sich nach einem Jahr, wie Liebenberger berichteten, mit einem Großteil des vorhandenen Inventars zurückgezogen (der Hauptsitz des Hotels *Preußischer Hof* in Liebenwalde war aus dem Gästehaus der ehemaligen Fachschule für Landwirtschaft hervorgegangen). Wer blieb, war Andreas Palm, Ex-Kellner des *Preußischen Hof* und ehemaliger Parteisekretär auf dem Schulgut Liebenberg. Er versuchte das Haus (ohne Mietzins) im Alleingang zu bewirtschaften. Palm blieb bis zum Juni 2000 und hinterließ das Haus in einem erbarmungswürdigen Zustand. Es war einfach zu groß für einen Einmannbetrieb gewesen.

Im Herbst 1999 tauchte dann der Name der LEG *Wohnen* im Zusammenhang mit Liebenberg auf. Das gemeinsame Tochterunternehmen des Landes Brandenburg und der *Deutschen Kreditbank AG,* einer Tochter der *Bayrischen Landesbank,* wurde als neue Besitzerin Liebenbergs favorisiert.

Nachdem die BvS und die Unabhängige Kommission zugestimmt hatten, wurden die Verträge unterschrieben. Liebenberg war mittlerweile soweit heruntergewirtschaftet, daß der Verkaufserlös kaum noch ein Zehntel der ursprünglich veranschlagten 40 Millionen Euro betrug. Offiziell ab 1. Januar 2000, nach zehn Jahren Wenderesignation, hatte Liebenberg mit der LEG *Wohnen* einen neuen Besitzer gewonnen.

Neubeginn mit alten Häusern

Mit dem Beginn des Jahres 2000 hatte Liebenberg einen neuen Eigentümer gefunden: die LEG *Wohnen* GmbH. Diese kaufte den Besitz, um für die DKB AG ein Schulungs- und Tagungszentrum zu etablieren; mittlerweile hat die DKB die Anteile des Landes Brandenburg übernommen und ist alleiniger Eigentümer der in die DKB *Wohnen* umgewandelten LEG *Wohnen*.

Die Liebenberger Einwohnerschaft reagierte anfangs zurückhaltend. Zu viel war in den letzten zehn Jahren passiert, um Euphorie aufkommen zu lassen. Darüber hinaus wurde von den neuen Eigentümern erwartet, daß die Wohnsituation schnell verbessert werden würde. Doch vor den ersten Baumaßnahmen mußte mit großem Aufwand eine genaue Bestandsermittlung vorgenommen werden.

Wer Ende 2000 Liebenberg das erste Mal besuchte, fand noch immer einen unscheinbaren Ort vor, doch es hatte sich bereits einiges getan: Die alte Tankstelle auf dem Gutshof war abgerissen worden, Dunglegen und Güllegruben waren überbaut worden und das ehemalige Kutscherhaus, das das Museum des VSQ beherbergt, hatte einen neuen Anstrich erhalten.

Das aus dem neunzehnten Jahrhundert stammende Gebäude war als Wohnung der Kutscher und Chauffeure genutzt worden. Im Erdgeschoß standen die Fahrzeuge, was die großen Tore noch heute belegen. Ab 1945 war hier die Feuerwehr des Schulgutes untergebracht, nach der Wende etablierte der VSQ im Erdgeschoß des Kutscherhauses das regionalgeschichtliche Museum und hatte im ersten Stock bis zu seinem Umzug nach Kleinmutz (im Juli 2001) seine Büros. Das Museum soll weiterhin seinen Platz im Kutscherhaus behalten.

Die Planung war soweit fortgeschritten, daß Bauanträge eingereicht werden konnten und die Kultur hatte sich wieder eingefunden. Lesungen vom Ortschronisten für ein kleines Publikum fanden statt und das Sommerkonzert der *Berliner Philharmoniker* hatte in einer Scheune, die zur *Konzertscheune* umgewandelt wurde, einen ansprechenden Rahmen gefunden. Die aus Lehmsteinen um 1870 erbaute Scheune bietet etwa 500 Besuchern Platz und soll weiterhin für größere Veranstaltungen kultureller Art genutzt werden. 2001 begannen größere, weitaus sichtbarere Arbeiten.

Das Seehaus, erbaut von 1906 bis 1908, soll zur Tagungsstätte umgewandelt werden und achtzehn Gästezimmer aufnehmen. Ursprünglich war es als Wohnsitz für die Familie von Friedrich Wend, dem ältesten Sohn des Fürsten Philipp von Eulenburg, erbaut worden. Während es als Erholungsheim des ZK genutzt wurde, erfuhr es mehrere Umbauten im Innern und 1958 eine Erweiterung des rechten Seitenflügels (siehe Kapitel „Ein Haus am See", Seite 91).

Das Seehaus wurde eingerüstet und die Renovierungsarbeiten begannen im April des Jahres 2001. Nach einer langen Zeit der Planung und dem Abstimmen mit dem Denkmalschutz, konnte das Haus entrümpelt und nach und nach entkernt werden. Durch die starke Kontaminierung des Dachbodens und einer sachgemäßen Entsorgung der betroffenen Konstruktionsteile des Dachaufbaues wurden die Arbeiten verzögert, auch die behördlichen Vorschriften, den Feuerschutz betreffend, komplizierten die Arbeiten. Vor dem Seehaus mußte ein 200 Kubikmeter fassender Tank eingegraben werden, der als Löschwasserreservoir dienen soll. Was bei der Nähe zum See vielfach Kopfschütteln auslöste. Im Innern des Hauses waren größere Umbaumaßnahmen vorzunehmen, um eine durchgehende Treppe einzubauen, die im Brandfall als Fluchtmöglichkeit dienen soll.

Im Schloßbereich widmete man sich den Gebäuden im Park. Das Teehaus wurde komplett renoviert und das Lindenhaus, in dem einst der Komponist Botho Sigwart von Eulenburg wohnte, nahm man baulich in Angriff. Bei den Arbeiten zeigte sich, daß das Dach nicht mehr zu erhalten war und so wurde auch der gesamte Dachstuhl erneuert. Nach der Renovierung soll hier die jetzige Schloßgaststätte Platz finden.

Die beiden, um 1890 gebauten Jägerhäuser, die die Einfahrt zum Schloß flankieren, wurden renoviert. Anbauten, die aus den Zeiten des Schulgutes stammten, wurden abgerissen und somit war die ursprüngliche Form wiederhergestellt. Bei den großen Kesseljagden unter dem Fürsten Philipp dienten die Jägerhäuser als Unterkunft für Jäger und Jagdgehilfen. Ab 1945 boten sie Flüchtlingen Unterkunft. 1985 wurden sie mit erwähntem Anbau versehen und als Ferienwohnungen genutzt. Später brachte die Schloßgaststätte Besucher in den Jägerhäusern unter. Nach der Renovierung 2001 erhielten sie einen rein repräsentativen Charakter, da Feuerschutzbestimmungen eine weitere Nutzung für Gäste in dieser Form unmöglich machen.

Die angrenzende Bruchsteinmauer konnte mithilfe von ABM-Stellen durch den VSQ wieder in die ursprüngliche Form versetzt werden. Auch wurden bei dieser Maßnahme die Ecktürmchen an den Mauern wieder rekonstruiert.

Das Schloß, das eigentliche Herz der geplanten Managment School, gilt als größte Herausforderung in den Baumaßnahmen. In den sechziger und siebziger Jahren des zwanzigsten Jahrhunderts äußerlich profanisiert und nach Geschmack und den Vorgaben des realsozialistischen Denkens umgebaut, hatte es alles Herrschaftliche eingebüßt. Durch den Brand 1945 zu einem Rumpfgebäude reduziert, wurde es äußerlich seiner Fensteraufbauten und der Stuckornamentik beraubt. Als Zugeständnis an eine funktionelle Nutzung bekam es zudem einen überdimensionierten Schornstein angebaut, und der graubraune Putz schien die Funktion eines reinen Nutzgebäudes bestätigen zu wollen. 1974 ließ die Schulgut-Leitung auch den parkseitigen großen Wintergarten entfernen.

Bereits im Winter 2000/2001 sollte der Schornstein des Schlosses, auf dem seit Jahren ein Storchenpaar brütete, entfernt werden. Nachdem ein ornithologisches Gutachten erstellt worden war, mauerte man einen kleineren, funktionslosen Schornstein an dem großen Kuhstall des Gutes auf. Dazu mußten dem Denkmalschutz passende Backsteine gefunden werden, was sich als nicht unkompliziert gestaltete. Nach der Umsetzung des Nestes konnte der Schornstein im März 2001 abgerissen werden, die Störche nahmen ihren neuen Wohnsitz auch unverzüglich an. Das Schloß Liebenberg in seiner Gesamtheit vor 1945 war ein inhomogener Baukörper. Durch viele Umbauten erfuhr es im Lauf der Jahrhunderte ein ständig verändertes Aussehen, was die Rekonstruktion und Neuplanung erschwerte.

Mitte des 16. Jahrhunderts wurde es als Herrenhaus auf dem Rittersitz der Bredows erbaut. Aus dieser Zeit stammt vermutlich auch das Kellergewölbe. Im Dreißigjährigen Krieg zerstört, wurde das Gebäude erst wieder unter den Hertefelds neu erbaut. Ludwig Kasimir Freiherr von und zu Hertefeld (1709–1790) beendete zwischen 1743 und 1747 einen einstöckigen Barockbau mit gebrochenem Dach, der unter seinem Vater Samuel begonnen worden war.

Sein Enkel Karl Adolf (1816–1867), der durch die Heirat mit Emilie Henriette Louise Mollard, einer reichen Erbin, zu Vermögen kam und große Gesellschaften nach Liebenberg lud, benötigte Platz für seine Gäste. Er ließ 1833/1834 das Schloß seines Urgroßvaters um eine Etage aufstocken, damit er seine zahlreichen Gäste unterbringen konnte und beauftragte den Landschaftsarchitekten Lenné, den Park umzugestalten (1829).

1875/1876 erfolgten unter Philipp Conrad Graf von Eulenburg weitere Um- und Ausbauten. Jetzt erst erhielt das Gebäude einen schloßartigen Charakter. Zu dem langgestreckten Längsbau fügte sich ein zweiflügeliger Anbau, der die Bibliothek aufnahm. Hofseitig wurde ein Treppenturm errichtet. Zur Parkseite kam der Wintergarten, der, wie bereits erwähnt, erst 1974 entfernt wurde.

Philipp Fürst von Eulenburg holte den Münchner Architekten Gabriel von Seidel zur Erweiterung der Anlage nach Liebenberg. In den Jahren 1891 bis 1905 ließ er immer wieder Veränderungen vornehmen und Neubauten auffahren. So erhielt das Schloßgebäude den großen Torturm, die *Nordische Halle* und somit Verbindung zur ehemaligen Bibliothek. Durch diese Baumaßnahmen entstand ein „Hofriegel", der den Schloßhof von dem Wirtschaftshof abtrennte und zusammen mit dem *Inspektoren-* und *Kastanienhaus,* der Kirche und dem *Kaiserbrunnen* den Eindruck einer mittelalterlichen Szenerie erweckte. Dieser Eindruck blieb bis 1945 als der gesamte Hofriegel, einschließlich altem Archivgebäude und dahinterliegender Brennerei, dem Feuer zum Opfer fiel, das vorsätzlich gelegt wurde, um den Mord an der Familie Scheu zu vertuschen.

Nach 1945 wurden, wie in den Jägerhäusern, nun auch im Schloß Flüchtlinge untergebracht. 1950 sollte das Schloßgebäude auf Anweisung der Partei gesprengt werden, doch konnte Günther Freihoff, der Betriebsleiter, dies verhindern. Er ließ die Tür- und Fensteröffnungen (Türblätter und Fensterrahmen waren bereits entfernt worden) kurzerhand zumauern und versicherte, er benötige das Gebäude als Getreidespeicher. In den nächsten Jahren wurde die Kreisparteischule in Räumen des Schloßes untergebracht, außerdem der Kindergarten des Gutes, ein Lehrlingswohnheim, Friseur und Betriebsarzt, Betriebsküche und Gaststätte, Wohnungen, und bis zur Wende, die Verwaltung des Schulgutes.

In den neunziger Jahren des zwanzigsten Jahrhunderts nutzte der VSQ einige Jahre einen Teil des Schloßes, außerdem war bis Anfang 2002 die Schloßgaststätte hier untergebracht. Die oberen Stockwerke standen in den letzten Jahren leer. Nach Beendigung der Planung durch das Büro *Gibbins* (die Gesellschaft für Generalplanung Gibbins ist spezialisiert auf die Renovierung historischer Objekte; bekannte Projekte sind etwa die Karl-Marx-Allee in Berlin oder Schloß Reichenow), welches mit der Gesamtplanung für die Baumaßnahmen beauftragt wurde, konnte um die Jahreswende 2001/2002 mit der Trockenlegung des Gebäudes begonnen werden. Zeitgleich erfolgte die Einrüstung des Schloßes.

Nachdem sich die Bauherren entschlossen hatten, den ehemaligen Gesamteindruck der Schloßanlage wiederherzustellen, wurden Pläne für den Torturm und die *Nordische Halle* angefertigt. Hier sollen weitere Gästezimmer für die Management School entstehen. Der Neubau der *Nordischen Halle* wird die Form des ehemaligen Gebäudes wieder aufgreifen, ohne eine historisierende Kopie darzustellen. So werden Ziergiebel mit vorgebauten Rankgittern nur nachempfunden, und die Innengestaltung der modernen Nutzung angepaßt. Über der eigentlichen Halle, die dem Fürsten zu Repräsentationszwecken diente, waren die Wohnräume der Fürstin Mutter und das *Eulenburgsche Geheimarchiv* untergebracht. Im Torturm fanden sich Gästezimmer und das Atelier des befreundeten Malers Hans Lietzmann, dessen Altarbild, *Die Kreuzigung Christi,* noch heute in der Falkenthaler Kirche zu besichtigen ist. Nach Beendigung der Baumaßnahmen sollen in den Gebäuden Gästezimmer eingerichtet werden.

Im Schloßgebäude befindet sich auch die *Libertas-Kapelle,* die seit Herbst 2001 leergeräumt ist und nach dem Umbau wieder als Kapelle genutzt werden soll. Die *Libertas-Kapelle* (benannt nach Libertas Viktoria Haas-Heye, siehe auch Kapitel „Libertas – eine Frau im Widerstand", Seite 47), war im Krieg geplündert worden. Nach 1945 wurde die Kapelle nicht mehr als religiöser Ort, sondern als Versammlungssaal und für Leitungsfeiern genutzt. Später brachte die SUN in der Kapelle ihren Computerraum unter. Dank Pfarrer Rinn konnte Anfang der neunziger Jahre des zwanzigsten Jahrhunderts die Kapelle wieder ihrer Bestimmung zugeführt werden und erhielt auch ihren Namen zum Gedenken an Libertas, der Enkelin Philipp von Eulenburgs.

Zur Vervollständigung des Schloßensembles soll eine Kopie des *Kaiserbrunnens,* der 1950 einer Schrottaktion zum Opfer fiel, nach dem Willen der Besitzer errichtet werden. Den *Kaiserbrunnen* schenkte 1895, anläßlich einer Wildschweinjagd, Kaiser Wilhelm II. seinem Freund Philipp.

Gleichzeitig zu den Baumaßnahmen werden die Außenanlagen, sowohl am Schloß, wie auch am Seehaus wieder hergerichtet. Auch ist eine Nutzung und damit Renovierung der übrigen Gebäude auf dem Schloß- und Gutshof angedacht. So sollen im Inspektorenhaus Tagungsräume entstehen.

Bleibt das Dorf. Die ehemalige Schule und das Gebäude, in dem zu Eulenburgs Zeiten der *Rothe Hirsch* untergebracht war, sind lange schon verkauft. Auch einige Privathäuser wurden an die Mieter bereits unter der Verwaltung der *Treuhandanstalt/BvS* veräußert. Die im Besitz der LEG *Wohnen* befindlichen Häuser sollten nach deren Bekunden saniert und den Mietern zum Kauf angeboten werden, um ein einheitliches Ortsbild zu gewährleisten und einem „Wildwuchs" vorzubeugen. Im ersten Winter 2000/2001 führten die neuen Besitzer nötige Sicherungsmaßnahmen durch. So wurde ein marodes Dach in der Dorfstrasse gedeckt, andere ausgebessert und eine ganze Anzahl loser Kaminköpfe neu aufgemauert.

Im Herbst 2001 informierte die DKB *Wohnen* die Presse, daß die kaufwilligen Mieter vorzugsweise unsanierte Objekte kaufen wollen, um Kosten zu sparen. Eigens für den Verkaufsfortgang wurde im Gutshof, im ehemaligen Kutscherhaus, ein Büro der DKB *Immo* – einer Tochtergesellschaft der DKB – eingerichtet. Bis Jahresende 2001 waren bereits einige Häuser verkauft und weitere Bewerber standen in Verhandlung. Nach Einschätzung der DKB Immo sind bald die Mehrheit der Häuser veräußert. Auch das Mehrfamilienhaus „auf dem Berg" hat einen Käufer gefunden. Die DKB bietet den Interessenten die Häuser, in dem Ist-Zustand, zu einem günstigen Preis an. Einige Bewohner zahlen nach dem Kauf weniger Zinsen und Tilgung an die Bank, als zuvor Miete. Bleiben nur die Langzeitarbeitslosen und Sozialhilfe-Empfänger und andere kreditunwürdige Mieter, bzw. einige alte Menschen, die sich kein Eigentum mehr aufladen möchten. Diese Klientel hofft weiterhin auf Sanierung ihrer Häuser und Wohnungen.

Jahresbeginn 2002. Liebenberg ist eine Großbaustelle. Die Außenhaut des Seehauses ist fertig, bald werden hier dem Publikum die Tore geöffnet. Das Schloß ist bereits in Arbeit, Linden- und Teehaus nahezu fertig. Es tut sich was und es wurde Zeit dazu, denn noch ein paar Jahre Verfall hätten zuviel zerstört und die letzte Hoffnung der Bewohner begraben. Es ist gut, daß neben einem zugkräftigen Konzept, planerischem Können und Visionen auch das in den Ort kam, was am nötigsten war: Geld.

Abschied

Bohrgeräusche reißen mich aus dem Schlaf, die Holzgutachter sind im Seehaus. Lange werde ich hier nicht mehr wohnen können. Ich trete zum Fenster und blicke in einen gläsernen Park. Alles ist rauhreifbedeckt. Nachdem ich das Haus verlassen habe, gehe ich zur Lanke hinunter. Die Pontons, die zu Zeiten des SED-Erholungsheimes als Landesteg für das Polizeiboot genutzt wurden, sollen abgeholt werden. Ein Behindertenverein will sie wieder als Steg nutzen. Ein Geländewagen steht zwischen den Bäumen an den Metallteilen. Ein Mann ist mit einem Schweißbrenner beschäftigt. Als ich näherkomme, springt der Mann auf einem Bein zum Wagen und holt ein Werkzeug heraus. Das andere Bein liegt abgeschnallt neben den Pontons.

Ich schlage den Weg zum Dorf ein. Am Ende des Sees ragen einige Holzstümpfe aus dem Wasser. Hier hatte zu Eulenburgs Zeiten der Fischer seine Hütte. Nante, wie er im Dorf genannt wurde, war meist auf dem Wasser. Hinter der Hütte war damals eine kleine Bank gestanden, *Nantes Ruh,* auf der der Fischer sich in der Sonne ausstreckte, wenn er lange genug auf dem Wasser gewesen war.

Nach einer Weile erreiche ich den Dorffriedhof. Die kleine Kapelle, über der Gruft der Eulenburgs, liegt im Dunst. Schwarze Vögel sitzen in den entlaubten Bäumen. Ich gehe zwischen den wenigen Reihen der Gräber hindurch, die Grabsteine sind einfach, beinahe schmucklos, wie es sich für ländliche Friedhöfe geziemt. Schlicht, auch im Tode. „Ich bin die Auferstehung und das Leben". Das Grabkreuz einer Frau, Elli Voigt, beklebt mit einem Zettel der Gemeinde, das Grab ist abgelaufen. Wo sind die Verwandten, wer kümmert sich nach sechzig Jahren um das Andenken einer Frau, die hier 1941 in hohem Alter verstarb, hier lebte und arbeitete, in einer schweren Zeit? Dann die Todesdaten einer ganzen Familie. Alle starben sie in einer Nacht in den Flammen ihrer Wohnung. Vater, Mutter, sechs Kinder, Juli 1945, als der Krieg vorbei war, das jüngste kaum zwei Jahre alt.

Hans Perlet, der Pflegesohn des Fürsten, gerade Dreißig, als ihm eine Kugel 1915 das Leben nimmt. Auch all die anderen Gefallenen des ersten Weltkrieges, von denen das Ehrenmal kündet. Vierzehn junge Männer, voller Euphorie, noch mit Kreide an die Waggons der Züge geschrieben: Spaziergang nach Frankreich! Keiner kam wieder. Einundzwanzig aus dem Dorfe blieben im zweiten Weltkrieg. Einige davon bereits Väter, Ehemänner, alles Söhne, Brüder, Freunde. Ob es für die Hinterbliebenen ein Trost war, daß auch die Herren mit Blut bezahlten. Botho Sigwart zu Eulenburg, komponierte im Schützengraben seine letzte Sonate, bis auch ihm der Tod die Feder aus der Hand riß. Es war die *Klaviersonate in D-Dur op. 19, 3. Satz,* den er in Galizien vollendete und dazu notierte, „daß diese Musik mein Schwanengesang war".

Der sandige Boden um die Gräber ist gerecht, geometrische Zeichen. Mir kommen die *Zen*-Gärten in den Sinn. Stein und gerechter Sand. Gebirge und Meer. Die Namen sind die Namen des Ortes, der Menschen, die hier gepflügt und gesät haben, die Kinder gebaren, aufzogen, von ihnen in die Erde gelegt wurden oder die sie selbst zu Grabe trugen. Wie der Vater, der seinen Sohn um zwei Jahre überlebte, um ihm dann in das gleiche Grab zu folgen. Das Ehepaar, das kleine Kind. Mir fallen die vielen Jungen auf, die hier liegen. Beinahe die Mehrzahl starb unter Fünfzig, viele in den Dreißigern.

Was verkürzt hier die Leben? Oder fehlen die alten Gräber? Gingen ihre Steine den Weg auf die Deponie, das Schicksal, das dem Kreuz der Elli Voigt droht, findet sich niemand, ihren Platz zu bezahlen? Es bleibt im Dunkeln, wie die Leben, die sich für mich, der ich die Menschen hier nicht kannte, auf Namen reduzieren und zwei Daten, Anfang und Ende.

Ich gehe die Dorfstraße hinab, zurück zum Seehaus. Die Straße ist menschenleer, nur der etwa zwölfjährige Junge, den ich ab und an auf der Dorfstraße treffe, ist zu sehen. Klein, dick, stets rauchend, kommt er mir entgegen. Wie jedesmal grüße ich freundlich, doch der Junge würdigt mich, wie jedesmal, keines Blickes. Wenn er mit seiner Mutter unterwegs ist, sie, klein, dick, stets rauchend, und ich das Duo grüße, werde ich von beiden mißachtet, als wären wir zeitgleich in zwei verschiedenen Universen unterwegs.

Ich passiere das letzte Haus des Dorfes auf meinem Weg. Der schwarze Pittbull kommt aus seiner Hütte und kläfft. Der Hund springt auf das zerfledderte Sofa, das in seinem Zwinger steht und blickt mir nach, bevor er wieder in seiner Hütte verschwindet.

Als ich zum Seehaus komme, treffe ich Frau Heitmann. Ich höre gerne ihre Geschichten über die Zeiten, als sie das Haus als Hotel führte, von den Gästen, wie der betagten Senatorin, die auf ihrem Zimmer plötzlich starb und deren verständigte Tochter ungehalten ins Telefon sprach, daß sie jetzt eigentlich gar keine Zeit hätte. Frau Heitmann erzählt von den Schwierigkeiten, die sie bewältigen mußte, als unerwünschte Frau aus dem Westen, wie die Parktore von Unbekannten verschlossen oder die Beleuchtung des Straßenschildes zerstört wurde, damit die Gäste fernblieben. Sie erzählt von Feiern und von Stammgästen, die sich hier wohlfühlten.

Ich mußte an den letzten Sommer denken, als ich vom Grüneberger Bahnhof, nach Tagen in der Stadt, zum Seehaus wanderte, ankam in der Abenddämmerung und das Haus plötzlich vor mir lag, als wenn es ausruhte, über ihm schon der sternbedeckte Himmel und Eulenruf in meinem Ohr. Kein Licht brannte hinter den vielen dunklen Fenstern, keiner, der mich am Tor empfing. Und doch fühlte ich mich als Nachhausegekommener, als gehörte ich hierher in diesen stillen Park, zu diesem stummen Haus. Ich war traurig, wieder gehen zu müssen und froh hierzusein. Dieses Gefühl verspüre ich auch jetzt und stehe noch eine Weile, in der Februarkälte, das Seehaus betrachtend, als Frau Heitmann schon weitergegangen ist.

Ein Jahr später stehe ich wieder an der gleichen Stelle, das Seehaus im Blick. Ich denke an den letzten Winter, an das vergangene Jahr. Ich plante, die Chronik mit dem Wort „Geld" zu beenden, mit dem Wort (es kommt mir sperrig vor und beim häufigen Aufsagen seine Form verlierend), das für mich durch meinen Aufenthalt in Liebenberg einen anderen Sinn erhalten hat. Ich fühlte mich glücklich, in der Stille der nächtlichen Landschaft schlafen zu können, ich wähnte mich reich, wenn ich im Wald, an den Seen ging, unerreichbar für die Welt. Doch weiß ich auch, daß nur Geld dem Dorf wieder Leben einhauchen kann. Ich stehe lange vor dem Seehaus. Dann nehme ich meinen Koffer und gehe.

Liebenberg – Schloßhof um 1900 (oben) und Schloß 1990 (unten)

Anhang

Auf den folgenden Seiten befinden sich einige ausgewählte Schrift-
dokumente aus dem Liebenberger Archiv der Jahre 1933 bis 2001.
Da es sich teilweise um reproduzierte Kopien handelt, ist die Wieder-
gabequalität etwas eingeschränkt. Die Dokumente auf den Seite 139
und 147 wurden für dieses Buch in Anlehnung an das Original nach-
gesetzt.

Brief vom NSDAP-Kreisleiter in Templin an
Rudof Baron von Engelhardt (17. März 1933)

Otto Schläfke
Zehdenick, Mark

Zehdenick,den 17. März 1931
Templinerstr.30.

1966

Herrn

Baron E n g e l h a r d t,

L i e b e n b e r g - M a r k .

See-Schloss.

Sehr geehrter Herr Baron!

Nachstehend nenne ich Ihnen die 8 **Liebenberger** Mitglieder,die ihre Aufnahmegebühr noch nicht bezahlt haben.Wenn Sie diesen Betrag dafür auslegen,resp.bezahlen wollen,bitte ich Sie diesen Betrag gelegentlich bei mir abgeben zu lassen,damit ich die Aufnahmen dann sofort weiterleiten kann.Ebenso erinnere ich daran,dass die Aufnahmegebühr des Fürsten noch nicht bezahlt ist und zwar entfallen hier auf 2.-- Rm. Aufnahmegebühr und 20.-- Rm. Werbebeitrag.

Die 8 Parteigenossen sind:
1.) Erich Abendroth,
2.) Arthur Weinrich,
3.) Ernst Bethke,
4.) Werner Schuldt,
5.) Paul Schulz,
6.) Erich Buchholtz,
7.) Willi Bolduan,
8.) Otto Schulz.

Bezüglich der Versammlung in Falkenthal habe ich entsprechend an den Gau berichtet und bitte ich Sie,mir baldgefl.melden zu wollen, ob zu dem 28. März der Fürst wieder anwesend ist. Im Laufe des Monats April wird dann in Liebenberg voraussichtlich mit dem Pg.Kretschmann eine öffentliche Versammlung durchgeführt.

Mit Hitler Heil

Kreisleiter

Anbei 25 grüne Versicherungskarten,
sowie 25 gelbe   "

*„Befehl des Oberbefehlshabers der sowjetischen Militäradministration –
des Oberkommandierenden der Gruppe der sowjetischen Besatzungsstreitkräfte in Deutschland" (07. Mai 1946)*

Befehl

des Oberbefehlshabers der Sowjetischen Militäradministration -
des Oberkommandierenden der Gruppe der sowjetischen Besatzungsstreitkräfte in Deutschland

7.Mai 1946   Nr.139   Berlin

Inhalt: Über die Übergabe des Anwesens Liebenberg an die
        Sozialistische Einheitspartei Deutschlands für eine Par-
        teischule

In Abänderung des Befehls des Oberbefehlshabers der Sowjetischen Militäradministration - des Oberkommandierenden der Gruppe
der Sowjetischen Besatzungsstreitkräfte in Deutschland Nr. 58 vom
19.2.1946 "Über die Wiederherstellung der Saatzucht landwirtschaftlicher Kulturen", ist das Anwesen Liebenberg/Provinz Bran-
denburg/ der Sozialistischen Einheitspartei Deutschlands für eine
Parteischule zu übergeben.

Oberbefehlshaber der Sowjetischen Militäradministration - Oberkommandierender der Gruppe der Sowjetischen Besatzungsstreitkräfte in Deutschland	Mitglied des Militärrates der Sowjetischen Militäradministration in Deutschland
Armeegeneral /W. Sokolowski/	Generalleutnant /F.Bokow/

Chef des Stabes der Sowjetischen
Militäradministration in Deutschland
Generalleutnant /M.Dratwin/

„Antrag auf Eintragung eines volkseigenen Betriebs in das Register der volkseigenen Wirtschaft" (o6. Oktober 1953)

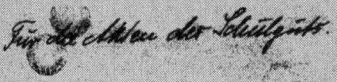

Für alle Akten der Schulguts.

Liebenberg , den 6. Okt. 53

Mitwirkend: _____

Betr.:

Antrag auf Eintragung eines volkseigenen Betriebes in das Register der volkseigenen Wirtschaft

Der/Die Betriebsleiter Alfred K o r b

wohnhaft in Liebenberg Kre, Gransee

erklärt/erklären
XXXXXXXWir sind als 1) Betriebsleiter 2) stellv. Betriebsleiter und
3) Wirtschaftsleiter

zur — gemeinsamen — Vertretung des VEB

Schulgut Liebenberg in Liebenberg

befugt.

Xer/Die Antragsteller weist/weisen sich aus durch 1) DPA-Nr. 187711/49
2) dito 49062
3) dito n3780/50

Xierxeverxuxe/Wir beantragen
die Eintragung des VEB Schulgut Liebenberg

mit dem Sitz in Liebenberg

in das Register der volkseigenen Wirtschaft (Handelsregister Abteilung C).

Der Betrieb ist der Fundament-Gesellschaft mbH. für Grundbesitz
in Berlin C 2 , Wallstr.

direkt unterstellt.

Die übergeordnete Verwaltung volkseigener Betriebe (VVB) ist die Fundament-Gesellschaft
für Grundbesitz mbH.

Berlin C 2 , Wallstr. 14
mit dem Sitz in

Zuständig als Fachministerium/Staatssekretariat mit eigenem Geschäftsbereich ist das

Ministerium für Land- und Forstwirtschaft Berlin

Der VEB gehört zur volkseigenen Wirtschaft. Er ist dem Rat des Stadt-/Landkreises in

entfällt

dem Rat der Gemeinde in
zugeordnet.

Best.-Nr. HR 6. Anmeldung eines VEB (§ § 4. Durchf.-Best. z. VO v, 20. 3. 52 (GBl. S. 290)
Vordruck-Leitverlag Erfurt, Anger 37/38.   Zc 206 20/5 12 52 7794

„Protokoll über die Auflösung von Betriebsschutz" (12. Dezember 1989)

Der Leiter

Seehaus Liebenberg

Liebenberg

1 4 3 1

12. 12. 1989

P r o t o k o l l

<u>über die Auflösung von Betriebsschutz</u>

Unterstellungsverhältnis: SED

Auf Grund des Fernschreibens vom 11. 12. 1989 des Stellv. des
Chefs und Stabschef der BDVP Potsdam wird die Vereinbarung
zum Schutz "Seehaus Liebenberg" durch Betriebsschutz mit
sofortiger Wirkung aufgelöst.

Leiter des VPKA   Leiter der Einrichtung

i. V.   T h e e m
        Hauptmann d. VP

Aufruf des Initiativkommitees „Unsere Heimat unserem Volk – Wir sind das Volk" (Dezember 1989)

Initiativkomitee
„Unsere Heimat unserem Volk – Wir sind das Volk"

Wir wenden uns an alle Freunde der Natur, an alle
Jäger, Angler und Erholungssuchende.

Seit 25 Jahren hat eine gewissenlose, korrupte Verbrecherclique sich das Eigentum des Volkes angeeignet.
Mittels gewissenloser Handlungen wurde das Volk aus
den schönsten Gebieten seiner Heimat vertrieben.

Nach der nun vom Volk erkämpften Macht klammern sich
alte und neue Wendehälse mit neuem Namen an ihre alten
Privilegien.

Bürger, Jäger, Angler, Erholungssuchende – wir lassen
uns nicht noch einmal betrügen. Wir wollen unsere heimatliche Natur selbst schützen und nutzen.

Dazu treffen wir uns am 30.12.1989 um 14 Uhr zur Kundgebung am Parkplatz der Großen Lanke an der F 167 mit
anschließendem Umzug.

                                    Das Initiativkomitee

Losungen und Transparente sind mitzubringen. Der Phantasie sind keine Grenzen gesetzt.

Kinderlied:
„Auch die Vögel in der Luft und die Fische im See
 sind unsere Heimat . . ."

Herr Baron!

Haben Sie nicht gewußt, daß Herr Bode vor Jahren mit den Gebeinen Ihrer Vorfahren Fußball gespielt hat? Wie kann man so einem Mann beauftragen Leute für Öko zusammenzustellen (was kommt heraus? nichts gutes) Nur Verwandte, Freunde oder Verwandte, Freunde von Freunden.

2. Beispiel:

H. Frädrich Tochter würde entlassen, da Sie dem Alkohol sehr zugetan ist und

Brief an den Wilfried Baron von Engelhardt –
Verfasser unbekannt (1991)

war (auch bei der Arbeit)
Schonplatz , (d.h. keine Stallarbei,
keine Feldarbeit)
R. Barke Freundin von
H. Frädrich Schonplatz
(keine Feldarbeit.

B. Barke Tochter von Rodes
Bekannten. Teilrentner,

Sollen mit solchen Leuten
etwa Leistungen voll bracht
werden? Nein nur unsere
Steuergelder kosten sie.

Zeitungsartikel aus der Gransee-Zeitung (11. Dezember 1992)

Heitmann und Bullermann verklagen sich gegenseitig

Wenn zwei sich streiten: Nichts Neues in Liebenberg

Von unserem Redaktionsmitglied Benno Rougk

Liebenberg – Joachim Maurice Bullermann, seit einiger Zeit interessierter Mitbewerber um die Immobilie des Seehauses in Liebenberg, verklagt Erwin Heitmann – noch unbestätigter Teil-Pächter der Gesamtimmobilie Liebenberg – wegen des Verdachtes auf Steuerhinterziehung. Heitmann tut gleiches mit dem Verdacht auf Betrug.

Grund für die Anzeige von Bullermann gegen Heitmann ist eine Rechnung, die er am 9. Dezember im Seehaus für ein Bier bekam und welche den Stempel der „Reittourismus und Touristik GmbH" trägt. Woraus er schließt, daß Heitmann, der (wie Bullermann in Erfahrung gebracht haben will) keine Schankberechtigung hat und auch keine Betriebserlaubnis für die Gaststätte besitzt, den fälligen Umsatzsteuersatz einbehalten will.

Bankgeheimnis außer Kraft?

Erwin Heitmann scheint zu Bullermann nicht wesentlich mehr Vertrauen zu haben. Forderte er doch von dem im Seehaus wohnenden Bullermann einen Vorausbetrag von 1240 DM für den Monat Dezember, den dieser ihm am 8. Dezember per Scheck übergab. Nach Heitmanns Meinung sei dieser Scheck nicht gedeckt gewesen, was sein Sohn mittels eines Telefonates bei der entsprechenden Bank erfahren haben will. – Ein Umstand, den Bullermann entschieden bestreitet. Es stellt sich auch die Frage, inwieweit eine Bank, die gegenüber Dritten nicht über die Kreditwürdigkeit ihrer Kunden sprechen darf, derartige Auskünfte sogar am Telefon erteilt. Allerdings

kann sich Heitmann Junior nicht an den Namen der auskunftgebenden Person erinnern.

Trotzdem Grund genug für Erwin Heitmann, die Polizei nach Liebenberg zu holen, gegen Bullermann Anzeige zu erstatten und ihm Hausverbot für das Seehaus zu erteilen. Das trat gestern um 12 Uhr mittags in Kraft. Joachim Maurice Bullermann fand zu diesem Zeitpunkt sein Zimmer verschlossen vor, wie Heitmann Junior bestätigte. Wenn eine Barzahlung der zu entrichtenden Summe erfolgt sei, könne das Zimmer geräumt werden, erklärte er ferner.

Nach Informationen von Hubertus Haake, Leitender Mitarbeiter im Grundstücks- und Vermögensamt in Brandenburg, ist Erwin Heitmann aber nicht berechtigt, ein Hausverbot auszusprechen. Ist doch der von Heitmann benannte Pachtvertrag für das Seehaus noch nicht rechtskräftig, da die Entscheidungen darüber von der Treuhand und dem Finanzministerium „abgesegnet" werden müßten. Das ist bis dato noch nicht passiert. „Es ist grundsätzlich noch keine Entscheidung darüber gefallen, was in Zukunft aus dem Seehaus wird", Haake ferner. Auch sei er sich bewußt, daß die gegenwärtige Lösung mit der geplanten Verpachtung des Seehauses an Erwin Heitmann nicht die Ideallösung sei. Er glaubt aber, daß um der für das Dorf nötigen Ruhe willen,

eine entsprechende Lösung angestrebt werden müsse. „Welche Entscheidungen dann aber nach einem Jahr anstehen, ist nicht absehbar", meint Haake. Seiner Ansicht nach müsse gerade im Zusammenhang mit der Immobilie Seehaus eine andere gemeinschaftliche oder partielle Lösung gefunden werden, die den verschiedenen Interessenten an dem Gebäude entgegenkommen sollte.

Eines ist jedoch für Hubertus Haake sicher: „Herr Bullermann wird keinesfalls als Nutzer irgendeines Bereiches der Immobilie in Frage kommen."

Auf dem Rücken der Bürger?

Bullermann und Heitmann verklagen sich gegenseitig, die Pachtverträge sind noch immer nicht „abgesegnet", das Land und das Grundstücks- und Vermögensamt betrachten selbst die angestrebte Lösung nicht als die ideale. Bleibt die Frage, die jetzt in Liebenberg immer lauter wird: Was wird aus den Bürgern der Gmeinde, die ihre Existenz mit dem Gut verbinden, auf deren Rücken und über deren Köpfe hinweg seit mehr als zwei Jahren Sachen ausgetragen werden, die keinesfalls mehr mit der vorgeschriebenen Gemeinnützigkeit zu vereinbaren sind?

Erklärung von Ingeborg von Schoenebeck, geb. Gräfin zu Eulenburg
(28. August 1996)

Ingeborg von Schoenebeck
z.Zt.   Griesserhaus
A-4573 Hinterstoder

28. August 1996

Betreff: Verkauf von Grundstücken in Häsen, Liebenberg u.
Bergsdorf, die privaten Siedlern gehören.

Erklärung

Hiermit möchte ich meine 1990 gemachten Antrag auf Rückübertragung
der ehemaligen Güter Häsen und Liebenberg, die meinem Vater:
Fürst F.W.zu Eulenburg und Hertefeld gehörten, insofern
ändern, als ich Verkäufen von Grundstücken zustimme, die bei der
sozialistischen Bodenreform 1945-49 Siedlern zugesprochen wurden
und denen auch noch, entsprechend der Gesetze der ehemaligen DDR,
und der BRD gehören.
Dies betrifft nicht Grundstücke, die in den Bodenfont zurückfielen
oder die juristischen Personen gehören oder gehörten.

Ich hoffe, daß Ihnen dies die Arbeit etwas erleichtert, da ich
niemals beabsichtigte Menschen ihren Grund wieder wegzunehmen, die
diesen in der Bodenreform zur Bearbeitung erhielten.

Mit freundlichem Gruß

I. Schoenebeck
geb. Gräfin zu Eulenburg

Ingeborg von Schoenebeck,
geb.Gräfin zu Eulenburg

E-mail-Ausdruck, Verfasser und Empfänger wurden unkenntlich ge-
macht – gefunden an der Großen Lanke (Januar 2001)

Betreff: Telefonanruf
Datum: Wed, 3 Jan 2001 10:20:51 +0100
    Von: ████████████████████████ @heizspiegel.de>
    An: ████████████████ @t-online.de>

Hallo Georg,

ein frohes und erfolgreiches und was auch sonst nach Neues Jahr!
Was gibt's neues? Hast du Herrn Koepp über Frau Glogler erreichen können?
Ich war zwischen Weihnachten und Neujahr für eine Viertelstunde in Liebenberg,
das hat mir für die nächsten zehn Jahre wieder gereicht, wie konnten wir uns nur
so verschwenden, an dieses ruchlose Schweinepack. Ich hatt alles vergessen:
Daß sie mir mein Fahrrad gestohlen hatten, daß sie mich betrogen hatten beim
Einkauf von Braunkohle, daß sie selbstgefällige, total verblödete, von Kaiser Wil-
helm, Herrmann Göring und vom Politbüro verhätschelte Arschlöcher sind, das
alles hatte ich vergessen, jetzt weiß ich es wieder. Das einzig Positive ist das
„Stagnante Elend" (stanant misery, Adam Smith) in dem sie sich befinden.
Was gibt's Neues? Ich bin im Januar übrigens ein paar Mal in B.
Herzlich
Johannes

Quellenverzeichnis

ARCHIV Liebenberger Museum im Gutshof Liebenberg

ARCHIV des Schulgutes Liebenberg

LIBERTAS-ARCHIV der Kirchengemeinde Falkenthal

BURMEISTER, H. W.: Prince Philipp Eulenburg-Hertefeld (1847–1921). Franz Steiner Verlag GmbH, Wiesbaden 1981

COPPI, H., Danyel, J., Tuchel, J.: Die Rote Kapelle im Widerstand gegen den Nationalsozialismus. Schriften der Gedenkstätte Deutscher Widerstand, Berlin 1994

COPPI, H.: Harro Schulze-Boysen – Wege in den Widerstand. Fölbach-Verlag, 1995

DEFA-FILM: -KLK an PTX- Die Rote Kapelle, Widerstand gegen Hitler – zwischen Opfermut und Fallbeil. Berlin 1971

ENGELHARDT-SCHÖNHEYDEN, R. Baron von: Lebenserinnerungen. Handschrift, überlassen von W. Baron von Engelhardt

EULENBURG-HERTEFELD, W. Graf zu: Ein Schloß in der Mark Brandenburg. Engelhorn Verlag, Stuttgart 1993

FONTANE, T.: Wanderungen durch die Mark Brandenburg; Fünf Schlösser. Aufbau-Verlag, Berlin und Weimar 1991

GRIEBEL, R., Coburger, M., Scheel, H. (Hrsg.): Erfaßt? Das Gestapo-Album zur Roten Kapelle. Eine Fotodukumentation. Rendsburg 1992

GRIESER, D.: Im Dämmerlicht – Ungewöhnliche Todesfälle. Droemersche Verlagsanstalt Th. Knaur Nachf., München 2001

HAFFNER, S., Venohr, W.: Preußische Profile. Ullstein TB-Verlag, Berlin 2001

HERMANN, I.: Preussen. Verlagsgruppe Lübbe GmbH und Co. KG, Bergisch Gladbach 2001

HÖXTERMANN, E. und Sucker, U.: Otto Warburg. Teubner Verlagsgesellschaft, Leipzig 1989

KOROLKOW, J.: Die innere Front. Verlag Volk und Welt, Berlin 1976

KROCKOW, C. Graf von: Fahrten durch die Mark Brandenburg. Deutscher Taschenbuch Verlag, München 1993

MEYER, H.: Von der Hohen Promenade zur „Roten Kapelle" – Der Weg der Libertas Haas-Heye (Schulze-Boysen) in den antinational-sozialistischen Widerstand. Separatdruck aus dem Zürcher Taschenbuch auf das Jahr 2001, Zürich 2001

MÜLLER, S.: Liebenberger Blätter. Hefte 1-3, herausgegeben in und für Liebenberg, 2000/2001

PAUL, E.: Ein Sprechzimmer der Roten Kapelle. Militärverlag der DDR, Berlin 1987

PERRAULT, G.: Die Rote Kapelle. Simon und Schuster, 1969 (Neu-auflage Wien 1990)

RÖHL, J. C. G. (Hrsg.): Philipp Eulenburgs Politische Korrespondenz, Bd. I–III. Harald Boldt Verlag, Boppard am Rhein 1976

SAUZAY, B.: Retour á Berlin. Wolf Jobst Siedler Verlag, Berlin 1999

SIEDLER, W. J.: Abschied von Preußen. Wolf Jobst Siedler Verlag, Berlin 1991

SIEDLER, W. J.: Wanderungen zwischen Oder und Nirgendwo: das Land der Vorfahren mit der Seele suchend. Corso bei Siedler, Berlin 1992

SOMBART, N.: Wilhelm II. – Sündenbock und Herr der Mitte. Verlag Volk und Welt, Berlin 1996

TREPPER, L.: Die Wahrheit (Rote Kapelle). Kindler-Verlag, München 1975

WERNER, P.: Otto Warburg, Seine Biografie. Verlag Neues Leben, Berlin 1988

ZEITUNGSBERICHTE (v.a. Märkische Allgemeine Zeitung und Gransee Zeitung, sowie Berliner Morgenpost)

Sowie diverse mündliche Berichte und überlassene Schriftstücke von Einzelpersonen.

FOTOS: Umschlag Seite 1, Zich, K.; Seite 9, Müller, S.; Seite 129, Liebenberger Archiv

Personenregister

Fahrenheid Beynuhnen,
Fritz von 31
Fontane, Theodor 14–16, 19 f.,
23, 43, 91
Freihoff, Günther 73 f., 78 f.,
118
Friedrich I., preußischer König
18
Friedrich III., deutscher Kaiser
18, 55

Göring, Hermann 8, 41, 50,
63–65, 98

Haas-Heye, Libertas Viktoria
8, 43, 45, 47–54, 65, 70, 73, 98,
120
Haas-Heye, Johannes 47
Haas-Heye, Otto 47
Harden, Maximilian 29–36, 91
Hardenberg, Karl August
Fürst von 20
Harnack, Arvid 50
Heiss, Jakob 56
Heitmann, Erwin 101, 108–110,
114
Heitmann, Irmgard 13, 125
Hertefeld, Friedrich Leopold von
19, 20
Hertefeld, Hermine Luise von
19
Hertefeld, Jobst Gerhard von 17
Hertefeld, Karl Adolf
Alexander von 19–22, 26, 118
Hertefeld, Ludwig Kasimir von
18 f., 118

Hertefeld, Samuel von 17–19,
118
Hertefeld, Stephan von 17
Hitler, Adolf 47, 50 53–55,
60–62, 97 f.
Hohenau, Wilhelm Graf von 31
Holstein, Friedrich von 29 f.
Honecker, Erich 84 f., 100
Hülsen-Häseler, Dietrich
Graf von 28

Katte, Hans Herrmann von 18
Kerber, Erika 76, 81

Lecomte, Raymond 30
Lenné, Peter Joseph 21, 118
Lietzmann, Hans 119
Lynar, Maximilian Graf von 31

Melnhof, Marie
Freiin Mayr von 33, 92, 94, 96
Mollard, Emilie Henriette Louise
21, 118
Moltke, Kuno von 29–32
Mühlenhaupt, Kurt 95

Neumann, Alfred 83–85, 89,
100 f.

Palm, Andreas 11, 114

Richthofen, Emil von 30
Riedl, Georg 32
Rinn, Joachim 68, 111, 120
Rothkirch-Panthen, Alexandrine
Freiin von 22, 25

Danksagung

Der Deutschen Kreditbank AG *und den maßgeblichen Tochtergesell-schaften möchte ich an dieser Stelle danken, daß sie mir die Möglichkeit gaben, das vorliegende Buch zu schreiben.*
Meinen Liebenberger Nachbarn schulde ich Dank für ihre freundschaftliche Hilfe, Herrn Christian Seifert für seine Mühe das Buch druckfertig zu machen und Mely Kiyak für ihre nützlichen Tips in allen Lebenslagen. Meiner Familie und meinen Freunden danke ich für ihr Interesse und dafür, daß es sie gibt.

Stefan Müller, geborcn 1962 in Aschaffenburg, studierte Veterinär-
medizin in Gießen und ist Absolvent des Deutschen Literaturinsti-
tuts Leipzig. Er lebt und arbeitet in Leipzig und Liebenberg.

Impressum

TEXT: Stefan Müller
ABBILDUNGEN: Karsten Zich, Umschlag Seite 1;
Stefan Müller, Seite 9; alle übrigen Abbildungen und
Dokumente stammen aus dem Liebenberger Archiv
SATZSCHRIFT: Caslon Buch
UMSCHLAG, LAYOUT, GESTALTUNG
UND TECHNISCHE UMSETZUNG: Christian Seifert
PAPIER: 90 g/qm, holzfrei, chlorfrei, chamois (Farbe)
Herstellung Books on Demand GmbH
ISBN 3-8330-0433-9
© 2003 Stefan Müller